Die Fahrlehre

von Christian Lamparter

Zeichnungen von Herbert Gerlach

6. Auflage — 1988

Verlag Dr. Rudolf Georgi · Aachen

INHALTSVERZEICHNIS

© 1988 by Verlag Dr. Rudolf Georgi, Aachen
Technische Gesamtherstellung: Georgi GmbH, Aachen
ISBN 3-87248-041-3

VORWORT

Herr Oberst a. D. Wilhelm S c h a e f f e r hat dem Büchlein
liebenswürdigerweise folgendes Vorwort gewidmet:
Nachdem in den letzten Jahren der Fahrsport durch seine inter-
nationale Anerkennung wieder vermehrt an Bedeutung gewon-
nen hat, ist es nur allzu gut verständlich, daß damit auch der Ruf
nach seinen Grundlagen größer geworden ist.
Herr Christian Lamparter, ein alter, erfahrener Fahrexperte, hat
dies richtig erkannt. Er hat mit seiner „Fahrlehre" allen Fahrern
übersichtlich, leicht verständlich, kurz zusammengefaßt und
auf das Wesentlichste beschränkt, das Wichtigste des bei uns
vorgeschriebenen und voll bewährten Achenbach'schen Fahr-
systems an Hand gegeben, um fahrtechnisch bei nationalen
und internationalen Prüfungen bestehen zu können.
Mit seinem vor kurzem herausgebrachten Fahrlehrfilm wird
seine „Fahrlehre" noch in hervorragender Art und Weise ergänzt, so daß ihm für seine Arbeit gar nicht genug Dank und Anerkennung gezollt werden kann.
Möge die „Fahrlehre" dazu beitragen, auch in unserem motorisierten Zeitalter unseren schönen Fahrsport nicht nur zu erhalten, sondern ihm neue Interessenten und Gönner zuzu-
führen.

W. Schaeffer

VORWORT zur sechsten Auflage

Durch den erfreulichen Aufschwung, den der Fahrsport in den letzten Jahren genommen hat, ist auch der Bedarf an guten Lehrbüchern gestiegen. Ich freue mich über das positive Echo aus den Kreisen der Fahrer und Fahrausbilder, das aus diesen Kreisen dem Buch entgegengebracht wird; ist es doch der beste Beweis dafür, daß mit dem Buch diesen Kreisen ein Hilfsmittel in die Hand gegeben ist, sich die nötigen Kenntnisse im Fahrsport zu erwerben und dieselben zu vertiefen.

Ich wünsche auch der neuen Auflage, die zum besseren Verständnis etwas erweitert wurde, einen guten Erfolg zum Wohle des Fahrsports.

Marbach, im März 1988   Christian Lamparter

Die Fahrlehre

Wenn auch das Pferd im heutigen Zeitalter des Motors seine Daseinsberechtigung als Zugtier mehr oder weniger eingebüßt hat, so heißt das nicht, daß es überhaupt nicht mehr vor einen Wagen angespannt werden sollte und wir uns an dem Anblick eines schönen Gespannes erfreuen könnten. Wenn wir in der Geschichte des Pferdes zurückblicken, so müssen wir feststellen, daß das Pferd zu allererst dem Menschen als Zugtier diente und bis in die jüngste Vergangenheit könnte man sich das Geschichtsbild ohne Pferdegespanne überhaupt nicht vorstellen. Es sollte deshalb für alle Pferdefreunde eine Selbstverständlichkeit sein, alles daran zu setzen, dem Pferd seinen Platz vor dem Wagen zu sichern. Wenn wir schon das gegenwärtig so oft gebrauchte Wort „Das Pferd muß bleiben" ernst nehmen, so dürfen wir das Pferd nicht nur als Reitpferd sehen, sondern müssen auch daran denken, daß es uns vor dem Wagen genau so viel Freude und Entspannung bieten kann. Welch herrlicher Anblick ist es doch, wenn sich auf einem Turnierplatz eine Anzahl gut herausgebrachter Zwei- oder gar Vierspänner zeigen und damit das Programm, durch oft stundenlanges Springen eintönig geworden, auflockern. Und es dürfte für jedes Brautpaar ein einmaliges, unvergeßliches Erlebnis sein, am Hochzeitstag mit der Kutsche gefahren zu werden. Um aber nun wirkliche Freude am Fahren zu haben und die Pferde genau so wie beim Reiten zu schulen, damit sie sich in ihrer ganzen Schönheit präsentieren, ist es notwendig, die Kunst des Fahrens zu beherrschen.
Schon seit vielen Jahren wird in Deutschland nach dem Achenbach'schen Fahrsystem gefahren. Die Soldaten, welche früher bei einem bespannten Truppenteil dienten, wurden im Fahren nach diesem System ausgebildet. Aber auch auf den Reit- und Fahrschulen, in denen noch heute Fahrausbildung betrieben wird, wird dieses Fahrsystem gelehrt.
Dieses Achenbach'sche Fahrsystem ermöglicht es, durch sachgemäße Anspannung und sachgemäßes Fahren größte Ausnützung der Pferdekraft unter größtmöglichster Schonung der Pferde zu ermöglichen.

Das ganze System ruht auf zwei Grundpfeilern:
1. der Zweckmäßigkeit,
2. der Betriebssicherheit.

Jeder Griff sowohl beim Fahren wie auch beim An- und Abspannen und beim Schirren ist zweckmäßig. Dies ist keine Pedanterie, sondern tausendmal durchdacht und ausprobiert. Es ist tatsächlich an alles gedacht.
Statt des bisher üblichen „Ins-Maul-reißen" nun ein weiches „Am-Zügel-stehen" und Einleitung der Wendung durch Nachgeben mit der äußeren Leine. Dadurch ist bei den Pferden Zugfreudigkeit und Zugsicherheit gewährleistet.
Nicht immer sind die Pferde schuld, wenn etwas passiert, sondern meistens das Nichtskönnen und die Unachtsamkeit des Fahrers, oder unsachgemäße Anspannung, z. B. falsch verschnallte Leinen, falsch liegende Gebisse, zu lange Aufhalter, zu kurze Deichseln, nicht gut sitzende Stränge auf den Ortscheiten

und nicht zu vergessen, unpassende Kumte, die manches Pferd zur Verzweiflung bringen, usw. Jeder Fahrer eines motorisierten Fahrzeuges muß eine Prüfung machen, um seine Kenntnisse unter Beweis zu stellen. Der Pferdegespannführer braucht das leider bis jetzt noch nicht, obwohl es gerade hier vielleicht eben so wichtig wäre. Beim Motorfahrzeug herrscht nur ein Wille und zwar der des Fahrers. Beim Pferdegespann sind jedoch immer mehrere da, die einen eigenen Willen haben und die durch das Können des Fahrers unter einen Hut gebracht werden müssen. Hier ist es nicht ohne weiteres selbstverständlich, daß das Gespann hält, wenn der Fahrer Halt sagt, die Leinen annimmt und die Bremse betätigt. Dazu braucht man gut gefahrene und im Gehorsam stehende Pferde, die von einem guten Fahrer gearbeitet wurden. Gerade in der heutigen Zeit, wo der Verkehr mit jedem Tag zunimmt, ist es notwendig, daß wir gut ausgebildete Gespannführer haben. Deshalb gilt für alle, die mit Pferden zu tun haben, der Satz: F a h r a u s b i l d u n g t u t n o t !

Ich möchte nun versuchen, in einer Reihe von Abhandlungen einen kurzen Einblick in das Achenbach-Fahrsystem zu geben, um dadurch den am Fahren interessierten Kreisen einen kleinen Anhaltspunkt zu geben. Wenn auch meine Ausführungen teilweise etwas trocken anmuten sollten, so glaube ich doch im Interesse der Fahrer, nicht auf Einzelheiten verzichten zu können, um damit ein Fundament zu legen, auf dem die Einzelnen weiter aufbauen können.

Meine Ausführungen sollen und können keinesfalls die bestehenden Vorschriften ersetzen, sondern sie sollen lediglich das Interesse für das Fahren wecken und immer mehr Freunde für den Fahrsport gewinnen.

Das Fahrlehrgerät

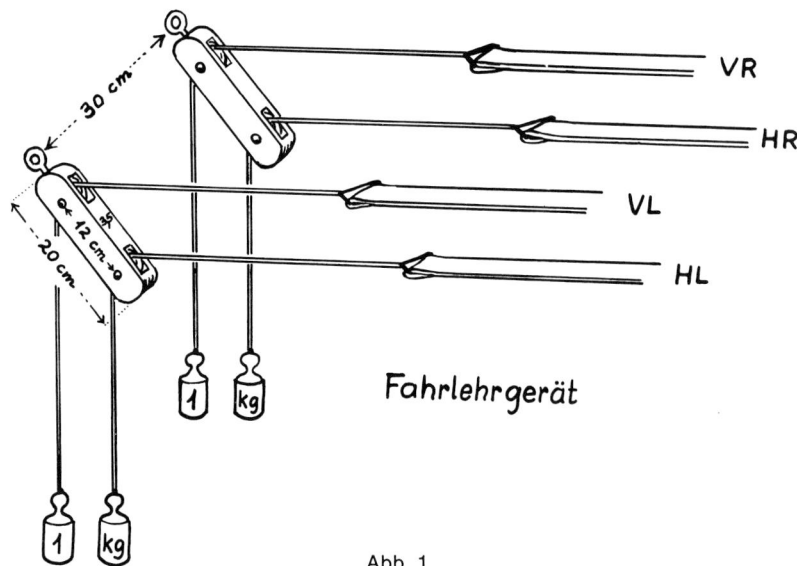

Abb. 1

6

Das Fahrlehrgerät (Abb. 1) ist ein unentbehrliches Hilfsmittel beim Fahrunterricht. Es setzt den Fahrlehrer in die Lage, zu gleicher Zeit 15 bis 20 Schüler auszubilden. Auch ist man von der Witterung und der Tageszeit unabhängig und was das Wichtigste ist, man schont die Pferde. Dies ist der größte Vorteil des Fahrlehrgerätes, denn hier ist es möglich, alle die Griffe und Haltungen, die notwendig sind, zu erlernen, ohne daß man die Pferde dabei ins Maul reißt. Einen gut am Fahrlehrgerät ausgebildeten Schüler kann man ohne weiteres auf den Wagen setzen und ihm ein Paar Pferde in die Hand geben. Schon nach wenigen Stunden wird er sich mit den Pferden zurechtfinden. Das Fahrlehrgerät ist kein Spielzeug, wie es von manchen geringschätzig und überheblich abgetan wird, und die Zeit, die man an ihm zum Lernen verbringt, macht sich doppelt bezahlt.

Das Achenbach'sche Fahrsystem

Bei dem Achenbach'schen Fahrsystem unterscheidet man drei verschiedene Arten von Haltungen:

1. Die Grundhaltung,
2. die Gebrauchshaltung,
3. die Arbeits- oder Dressurhaltung.
   Als Haltung bezeichnet man die Art, wie man die Leinen in der Hand hält.

Die Grundhaltung

Bei der Grundhaltung (Abb. 2) liegt die linke Leine über dem Zeigefinger der linken Hand, die rechte Leine liegt zwischen Mittel- und Ringfinger der linken Hand, beide Enden nach unten durchhängend. Die drei unteren Finger der linken Hand schließen sich fest um beide Leinen. Daumen und Zeigefinger sind leicht geöffnet. Die linke Faust steht senkrecht, etwa eine Handbreit vor Leibesmitte, so, daß Ober- und Unterarm nicht ganz einen rechten Winkel bilden (stumpfer Winkel). Das überhängende Ende der Leine hängt außen am linken Oberschenkel herunter. Die volle rechte Hand umfaßt die Peitsche etwa 10 bis 15 cm über dem Stockende und steht dabei eine Handbreit neben

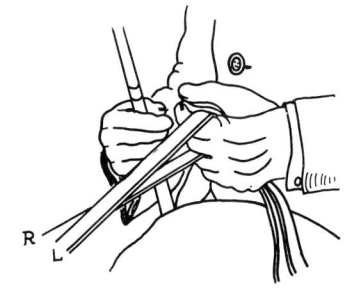

Abb. 2

der Linken. Die Peitschenspitze zeigt dabei nach links, vorwärts aufwärts. Der Fahrer sitzt aufrecht auf dem Bock. Die Blickrichtung ist frei geradeaus. Die Hacken der Füße sind zusammengenommen, die Fußspitzen soweit auseinander, daß sie einen halben rechten Winkel bilden und die Knie leicht geöffnet sind. Merke: Die Leinenhaltung in der linken Hand wird auch bei den anderen beiden Haltungen nie aufgegeben!

Die Gebrauchshaltung

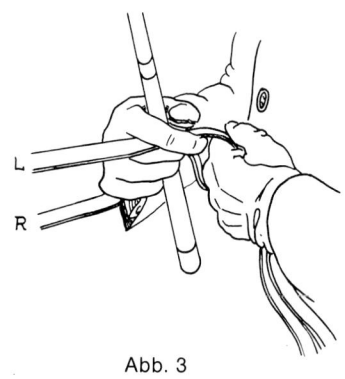

Die linke Hand ist in Grundhaltung. Die rechte Hand geht auf die rechte Leine und umfaßt mit den unteren drei Fingern die rechte Leine, Daumen und Zeigefinger gehen über die linke Leine und der Zeigefinger umschließt die linke Leine so, daß das untere Glied des Zeigefingers die Fleischseite der Leine berührt. Die rechte Hand gleitet nun auf den beiden Leinen soweit zurück, bis sie unmittelbar vor der Linken steht (Abb. 3).

Abb. 3

Die Arbeits- oder Dressurhaltung

Zum Übergang in die Arbeits- oder Dressurhaltung (Abb. 4) zieht die rechte Hand unter gleichzeitiger Senkrechtstellung derselben etwa eine Handbreite der rechten Leine nach rechts seitwärts-vorwärts aus der linken Hand heraus. Die linke Hand verläßt nun ihren Platz vor Leibesmitte und rückt etwas nach links ab, so daß die beiden Fäuste gleichmäßig rechts und links vor Körpermitte stehen. Dabei ist das Zwischenstück angespannt.

Beim Zurückgehen zur Gebrauchshaltung holt sich die linke Hand das vorher herausgezogene Stück Leine, Zwischenstück genannt, bei der Rechten ab. Zu diesem Zweck öffnen sich die unteren drei Finger der linken Hand etwas, um das Zwischenstück aufnehmen zu können. Durch diese Bewegung kommt die linke Hand sofort wieder auf ihren richtigen Platz vor Körpermitte. Der Zeigefinger der rechten Hand legt sich wieder über die linke Leine und die Gebrauchshaltung ist wieder hergestellt. Die Arbeits- oder Dressurhaltung wird zum Arbeiten der Pferde, oder wenn etwas auf der Straße entgegenkommt, wie Kraftfahrzeug, Frau mit Kinderwagen o. ä., eingenommen, da man mit den einzelnen Leinen besser auf die Pferde einwirken kann.

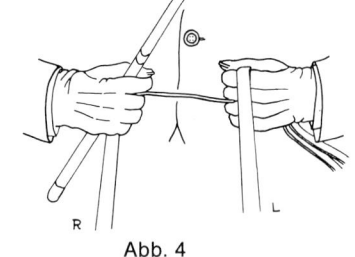

Abb. 4

Merke: Bei allen drei Haltungen muß der Fahrer seine Fäuste gut schließen, damit ihm die Leinen nicht unwillkürlich nach vorn durchrutschen!

Verlängern und Verkürzen der Leinen

Da während des Fahrens das Maß der Leinen immer wieder berichtigt werden muß, genauso wie beim Reiten das Zügelmaß, hat man ganz bestimmte Griffe für das Verlängern und Verkürzen der Leinen. Man unterscheidet zwei Arten von Verlängern und vier Arten von Verkürzen beider Leinen.

Merke: Ausgangsstellung zu allen Verlängerungen und Verkürzungen ist Gebrauchshaltung. Mit dem Ausdruck „Stellung" ist hier und in den folgenden Ausführungen die Stellung der Hände zueinander gemeint und nicht die Stellung der Pferde. Die Peitsche bleibt dabei grundsätzlich in der rechten Hand und zeigt mit ihrer Spitze nach links-vorwärts-aufwärts!

1. Verlängern beider Leinen zentimeterweise:
Gebrauchshaltung. Der Fahrer zieht mit der rechten Hand beide Leinen zentimeterweise aus der linken Hand in Richtung des Pferdemauls heraus.

2. Verlängern der Leinen um ein größeres Stück:
Gebrauchshaltung. Der Fahrer zieht mit der rechten Hand beide Leinen um ein größeres Stück in Richtung des Pferdemauls heraus. Vorsicht, damit die Fühlung mit dem Pferdemaul nicht verlorengeht!

Verkürzen beider Leinen

1. Verkürzen der Leinen zentimeterweise:
Gebrauchshaltung. Die rechte Hand geht einige Zentimeter auf beiden Leinen vor und hält dort fest. Die linke Hand greift nach und beide Hände gehen in die Ausgangsstellung zurück.

2. Verkürzen beider Leinen um ein bestimmtes Maß:

Gebrauchshaltung. Die rechte Hand hält beide Leinen fest. Die linke Hand läßt jetzt beide Leinen los und geht unmittelbar vor der Rechten in Grundhaltung (Abb. 5). Nun läßt die Rechte die Leinen los und geht wieder in Gebrauchshaltung. Beide Hände gehen nun in ihre Ausgangsstellung zurück. Diese Art von Verkürzen wird immer vor einer Rechtswendung und einer Rechtsumkehrtwendung angewandt, da der Fahrer auf dem Bock rechts sitzt und daher die Pferde in der Wendung näher auf den Fahrer zukommen und die Leinen deshalb zu lang werden.

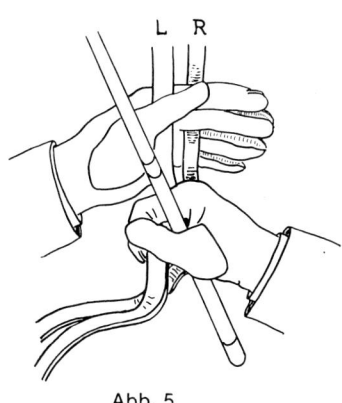

Abb. 5

3. Verkürzen beider Leinen um ein größeres Stück:
Die rechte Hand geht hinter die linke und umfaßt hier beide Leinen wie eine zwischen Zeige- und Mittelfinger und hält sie fest. Die linke Hand geht nun auf beiden Leinen ein größeres Stück vor und hält dort fest. Die rechte Hand geht wieder in Gebrauchshaltung und beide Hände gehen in ihre Ausgangsstellung zurück. Dies ist die schnellste Art des Leinenverkürzens und wird am meisten angewandt.

4. Vorübergehendes Verkürzen beider Leinen, oder die scharfe Parade:

Gebrauchshaltung. Die rechte Hand geht etwa 30 bis 40 cm auf beiden Leinen vor, hält dort fest und geht zurück zur Leibesmitte. Die linke Hand macht durch Steigen gegen das Kinn zu Platz (Abbildung 6). Diese Art von Verkürzen wendet man nur bei Gefahr für Mensch und Tier an, weil sie zu stark auf die Laden und die Gelenke der Pferde geht. Wenn die rechte Hand nur einige Zentimeter auf den Leinen vorgeht und dann annimmt, bezeichnet man das als halbe Parade.

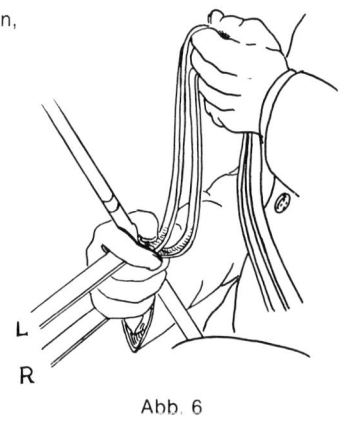

Abb. 6

Verkürzen und Verlängern einzelner Leinen, auch Filieren genannt

1. Verkürzen der rechten Leine:

Gebrauchshaltung. Der Zeigefinger der rechten Hand schließt sich fest um die linke Leine und ist zugleich Drehpunkt. Die unteren drei Finger der rechten Hand öffnen sich etwas. Nun dreht sich die rechte Hand rückwärts-aufwärts, so, daß der Handrücken nach oben zeigt und gleitet gleichzeitig mit den unteren drei Fingern einige Zentimeter auf der rechten Leine vor. Jetzt schließen sich die unteren drei Finger wieder um die Leine und die rechte Hand dreht sich nun nach vorwärts-abwärts und schiebt die Leine einige Zentimeter in die linke Hand hinein, die ihr dabei entgegenkommt. Zu diesem Zweck öffnet sich die linke Hand etwas, um die Leinen aufzunehmen und schließt sich nachher sofort wieder. Man wiederholt diese Übung so oft, bis es genügt.

2. Verkürzen der linken Leine:

Gebrauchshaltung. Die unteren drei Finger der rechten Hand umschließen fest die rechte Leine. Drehpunkt ist der kleine Finger der rechten Hand. Der rechte Zeigefinger öffnet sich etwas und die rechte Hand dreht sich nach vorwärts-abwärts, so, daß der Handrücken nach unten zeigt. Nun hält der Zeigefinger die linke Leine fest, die rechte Hand dreht sich nach rückwärts-aufwärts und schiebt die linke Leine in die linke Hand hinein, die ihr dabei entgegenkommt und sich gleichzeitig etwas öffnet, um die Leine aufzunehmen.

3. Verlängern der rechten Leine:

Gebrauchshaltung. Drehpunkt ist der rechte Zeigefinger. Die drei unteren Finger der rechten Hand umschließen fest die rechte Leine, die rechte Hand dreht sich nach rückwärts-aufwärts, so, daß der Handrücken nach oben zeigt und zieht gleichzeitig einige Zentimeter der rechten Leine aus der linken Hand heraus.

4. Verlängern der linken Leine:

Gebrauchshaltung. Drehpunkt ist der kleine Finger der rechten Hand. Der Zeigefinger der rechten Hand zieht nun unter gleichzeitiger Drehung der rechten Hand nach vorwärts-abwärts einige Zentimeter der linken Leine aus der linken Hand heraus. Der rechte Zeigefinger öffnet sich nun etwas und die rechte Hand geht in ihre richtige Lage zurück. Das Wichtigste bei diesem Filieren, das man am Tag hundertmal braucht, um das Gespann in der Gebrauchshaltung geradeaus zu halten, oder den Mehrspänner auf Vordermann, ist die Zusammenarbeit der beiden Hände.

5. Verlängern der rechten Leine um ein größeres Stück:

Gebrauchshaltung. Der rechte Zeigefinger läßt die linke Leine los und zieht die rechte Leine um ein größeres Stück in Richtung des Pferdemauls aus der linken Hand heraus. Diese Art der Verlängerung wendet man immer v o r einer Linksumkehrtwendung und n a c h einer Rechtsumkehrtwendung an.

6. Verkürzen der rechten Leine um ein größeres Stück:

Gebrauchshaltung. Die rechte Hand nimmt die rechte Leine ganz aus der linken Hand heraus und geht, ohne auf der Leine zurückzugleiten, hinter die linke und setzt die rechte Leine wieder in die linke Hand hinein. Dieses Verkürzen benötigt man immer v o r einer Rechtsumkehrtwendung und n a c h einer Linksumkehrtwendung.

Richtungsveränderungen

Alle Richtungsveränderungen müssen den anderen Verkehrsteilnehmern durch sogenannte Verkehrszeichen angezeigt werden. Während des Verkehrszeichens muß sich der Fahrer umsehen, ob es der Verkehr erlaubt, seine Fahrtrichtung zu ändern. Das Umsehen ist noch wichtiger als das Verkehrszeichen selbst. Verkehrszeichen, siehe Fahren im Straßenverkehr.

Links und rechts heranfahren

Links heranfahren mit einer Hand:

15 Meter vor dem Links-heranfahren gibt der Fahrer das Verkehrszeichen nach links und sieht sich dabei um. Nun dreht er die linke Hand nach rückwärts-aufwärts, so, daß die linke Leine über den linken Handrücken läuft. Nach dem Links-heranfahren geht die linke Hand in die Ausgangsstellung zurück.

Links heranfahren mit beiden Händen:

15 Meter vor dem Links-heranfahren gibt der Fahrer das Verkehrszeichen nach links und sieht sich dabei um. Dann geht er in Arbeitshaltung und gibt mit der rechten Hand nach. Nach dem Links-heranfahren geht der Fahrer in die Ausgangsstellung zurück.

Rechts heranfahren mit einer Hand:

Zum Rechts-heranfahren bringt der Fahrer die linke Hand so zum linken Oberschenkel, daß die Knöchel nach unten zeigen. Der Daumen und Zeigefinger drücken dabei auf die rechte Leine (Abbildung 7). Nach dem Rechts-heranfahren geht die linke Hand in die Ausgangsstellung zurück.

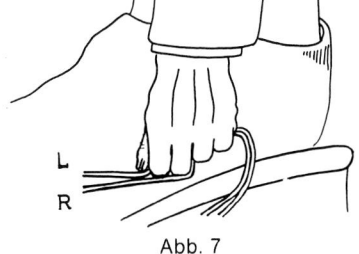

Abb. 7

Rechts heranfahren mit beiden Händen:

Die rechte Hand geht auf der rechten Leine etwa 10 bis 15 cm weit vor und hält dort fest. Die linke Hand gibt nach, indem sie sich nach vorwärts-abwärts dreht und unter die rechte setzt. Nach dem Rechts-heranfahren geht der Fahrer in die Ausgangsstellung zurück.

Wendungen

Sämtliche Wendungen werden im Gegensatz zu früher durch eine nachgebende Hilfe mit der äußeren Leine eingeleitet. So erhält das äußere Pferd mehr Leinenfreiheit und kann deshalb schneller vorwärts schreiten, kommt dadurch vermehrt in den Zug und bringt nun durch sein vermehrtes Ziehen an der festen Sprengwaage den Wagen in die Wendung. Der Fahrer sitzt rechts auf dem Bock. Dies bewirkt bei der Rechts- und Rechtsumkehrtwendung ein zu-lang-werden der Leinen, da sich die Pferde dem Fahrer nähern, bei der Links- und Linksumkehrtwendung ein zu-kurz-werden der Leinen, da sich die Pferde vom Fahrer entfernen. Der Fahrer muß dies bei den Wendungen berücksichtigen.

Die Linkswendung ist in großem Bogen zu fahren; sie kann deshalb in abgekürztem Trabe gefahren werden. Bei der Rechtswendung muß der Bogen möglichst klein sein, um die rechte Fahrbahn einzuhalten. Die Wendung darf nur im Schritt gefahren werden, damit die Pferde bei der engen Wendung nicht ausrutschen und fallen. Die Kehrtwendungen dürfen nur im abgekürzten Schritt gefahren werden, um Kronentritte an den Pferdebeinen zu vermeiden.

Linkswendung:

15 Meter vor der Wendung gibt der Fahrer das Verkehrszeichen nach links und sieht sich dabei um. Dann geht er in Arbeitshaltung. Sind die Pferde mit dem Kammdeckel in Höhe der Mitte der neuen Straße angekommen, leitet der Fahrer die Wendung ein, indem er mit der rechten Hand nachgibt. Die linke Hand dreht sich nach rückwärts-aufwärts, so, daß die linke Leine über den linken Handrücken läuft (Abb. 8). Nach dreiviertel durchfahrener Wendung gehen die Hände allmählich in die Ausgangsstellung zurück. Ist der Fahrer auf der Geraden angekommen, kann er in Gebrauchshaltung gehen oder in Arbeitshaltung weiterfahren.

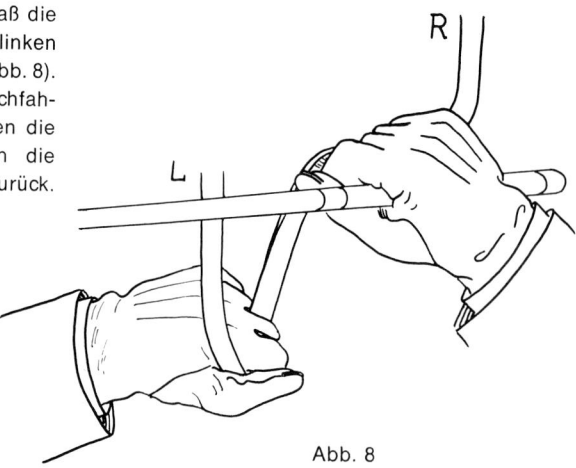

Abb. 8

Rechtswendung:

15 Meter vor der Wendung gibt der Fahrer das Zeichen zum Durchparieren, sofern er im Trabe ist, geht in Gebrauchshaltung und verkürzt seine Leinen um ein bestimmtes Maß, übergibt die Peitsche der linken Hand, zieht die Bremse an und pariert weich zum Schritt durch. Jetzt öffnet er die Bremse wieder, gibt das Verkehrszeichen nach rechts und sieht sich dabei um. Die rechte Hand übernimmt wieder die Peitsche, geht auf der rechten Leine 10 bis 15 cm vor und hält dort fest, indem die drei unteren Finger die rechte Leine umfassen. Wenn die Pferde mit dem Kammdeckel in Höhe der neuen Bordschwelle angekommen sind, leitet der Fahrer die Wendung ein, indem er links nachgibt, dabei die linke Hand nach vorwärts-abwärts dreht und unter die rechte setzt. Im Bedarfsfall dreht sich die rechte Hand so um den Peitschenstock, daß der kleine Finger zur linken Schulter zeigt. Nach dreiviertel durchfahrener Wendung gehen die Fäuste allmählich in ihre Ausgangsstellung zurück. Ist der Fahrer auf der Geraden angekommen, geht er in Gebrauchshaltung und verlängert seine Leinen um das vorher verkürzte Stück.

Linksumkehrtwendung:

15 Meter vor der Wendung gibt der Fahrer das Zeichen zum Durchparieren, falls er im Trabe ist, zieht die Bremse an und pariert nötigenfalls mit einer halben Parade weich zum Schritt durch, öffnet die Bremse wieder, gibt das Verkehrszeichen nach links, sieht sich dabei um und fährt gleichzeitig scharf rechts heran. Nun pariert er beinahe durch bis zum Halten. Die rechte Hand verlängert jetzt die rechte Leine zwei mal um 10 cm, die linke Hand dreht sich nach rückwärts-aufwärts, so, daß die linke Leine über den linken Handrücken läuft. Beide Hände geben im Bedarfsfalle nach vorwärts nach. Nach dreiviertel durchfahrener Wendung verkürzt die rechte Hand die rechte Leine um ein größeres Stück und geht anschließend in Gebrauchshaltung oder in Arbeitshaltung.

Rechtsumkehrtwendung:

Eine Rechtsumkehrtwendung darf nur auf Turnierplätzen und auf Straßen, wo es der öffentliche Verkehr erlaubt, gefahren werden. Der Fahrer gibt zuerst das Verkehrszeichen nach links und sieht sich dabei um. Dann fährt er scharf links heran, gibt das Zeichen zum Durchparieren, falls er im Trabe ist, verkürzt seine Leinen um ein bestimmtes Maß, zieht die Bremse an und pariert weich zum Schritt durch. Jetzt öffnet er die Bremse wieder, gibt das Verkehrszeichen nach rechts und sieht sich dabei um. Zur Wendung pariert er beinahe durch bis zum Halten. Die rechte Hand verkürzt die rechte Leine um ein größeres Stück, geht dann sofort auf der rechten Leine 10 bis 15 cm vor und hält dort fest. Die linke Hand gibt nach, indem sie sich nach vorwärts-abwärts dreht und unter die rechte setzt. Im Bedarfsfalle dreht sich die rechte Hand so um den Peitschenstock, daß der kleine Finger zur linken Schulter zeigt. Ist die Wendung dreiviertel durchfahren, gehen die Hände allmählich in ihre Ausgangsstellung zurück. Der Fahrer verlängert zuerst die rechte Leine, dann beide Leinen um das vorher verkürzte Stück, fährt rechts heran und kann in Gebrauchshaltung oder in Arbeitshaltung weiterfahren.

Leinen aufnehmen und aufsitzen

Nachdem der Fahrer nochmals um das Gespann herumgegangen ist und nachgesehen hat, ob alles in Ordnung ist, stellt er sich zum Aufnehmen der Leinen in Grundstellung einen Schritt links seitwärts vom linken Pferd in Höhe des Kammdeckels mit Front zu den Pferden so auf, daß er mit dem ausgestreckten Arm das Pferd noch erreichen kann. Nun nimmt der Fahrer mit der rechten Hand die Leinen aus der Oberblattstrippe und legt sie von innen nach außen auf den linken Unterarm. Hierauf

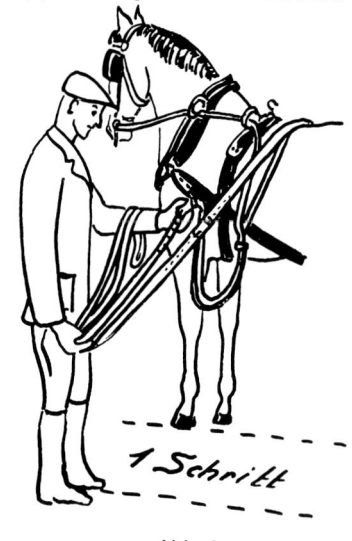

ergreift die rechte Hand zwischen Zeige- und Mittelfinger die rechte Leine hinter der Kreuzschnalle, die unteren drei Finger umschließen ganz leicht die Leine, die Hand nimmt Fühlung mit dem Pferdemaul auf und gleitet nun auf der Leine herunter bis der Arm senkrecht hängt. Diese Stelle hält man unbedingt fest. Nun übergibt die linke Hand die linke Leine direkt hinter der Kreuzschnalle der Rechten, zwischen Daumen und Zeigefinger und verlängert nun die linke Leine, indem sie die linke Kreuzschnalle 5 cm über das jeweilige Normalloch der rechten Leine nach vorn hinauszieht (Abbildung 9). Man verlängert deshalb die linke Leine um 5 cm, weil der Fahrer auf dem Bock rechts sitzt und so die linke Leine einen größeren Weg

Abb. 9

zu beschreiben hat als die rechte. Jetzt übergibt die rechte Hand der linken die Leinen in Grundhaltung. Der Fahrer sieht sich nun den Abstand vom Bock bis zu den Pferden an, geht in Gebrauchshaltung und verlängert seine Leinen je nach Bedarf. Das überhängende Ende der Leinen schlägt er über den linken Unterarm. Bei jungen Pferden legt man mit der linken Leine eine große Schleife unter den Daumen, damit sie nicht nach rechts weglaufen. Jetzt geht der Fahrer mit Blickrichtung zu den Pferden zum Wagen, läßt dabei die Schleife durchgleiten, steigt schnell auf den Bock, setzt sich sofort hin, nimmt das überhängende Leinenende vom linken Unterarm und läßt es außen am linken Oberschenkel hinuntergleiten, nimmt die Peitsche in die Hand, öffnet geräuschlos die Bremse, stellt seine Pferde ans Gebiß und ist fertig zum Anfahren.

Anfahren und Halten

Zum Anfahren nimmt der Fahrer beide Leinen kurz an und gibt sofort wieder nach. Auf diese Hilfe treten gut gefahrene Pferde an. Wenn nicht, gibt der Fahrer dem ruhigeren Pferd eine leichte Peitschenhilfe hinter dem Kammdeckel. Auf keinen Fall darf der Fahrer zum Anfahren die Pferde mit den Leinen ins Maul reißen, wie das sehr oft üblich ist.

Zum Halten gibt der Fahrer zuerst das Verkehrszeichen zum Durchparieren, macht die Bremse zu und pariert weich zum Halten durch.

Absitzen

Zum Absitzen steckt der Fahrer die Peitsche in den Köcher, schlägt das überhängende Ende der Leine über den linken Unterarm und steigt an der linken Wagenseite rückwärts vom Bock. Ist ein Gehilfe vorhanden, der sich nach dem Halten vor die Pferde stellt, geht der Fahrer zu den Pferden vor und steckt die Leinen von hinten nach vorn unter die Oberblattstrippe, andernfalls behält er sie in der Hand, bis die Pferde abgespannt sind.

Aufschirren

Das Aufschirren hat sehr vorsichtig zu geschehen, da schon manches junge Pferd durch unvorsichtiges Aufschirren für sein ganzes Leben verdorben wurde. Das Kumt muß mit der Kumtspitze nach unten vorsichtig dem Pferd über den Kopf gestreift (Abb. 10 a) und an der dünnsten Stelle des Halses in Richtung der Mähne gedreht und erst dann auf die Pferdeschulter gebracht werden.

Dann wird der Schweifriemen angelegt, dabei ja keine rohe Gewalt! Nun wird der Kammdeckel in die richtige Lage gebracht und der große Bauchgurt nur lose zugeschnallt, anschließend der kleine Bauchgurt so zugeschnallt, daß man noch eine Faust zwischen Bauchgurt und Bauch des Pferdes reinstellen kann.

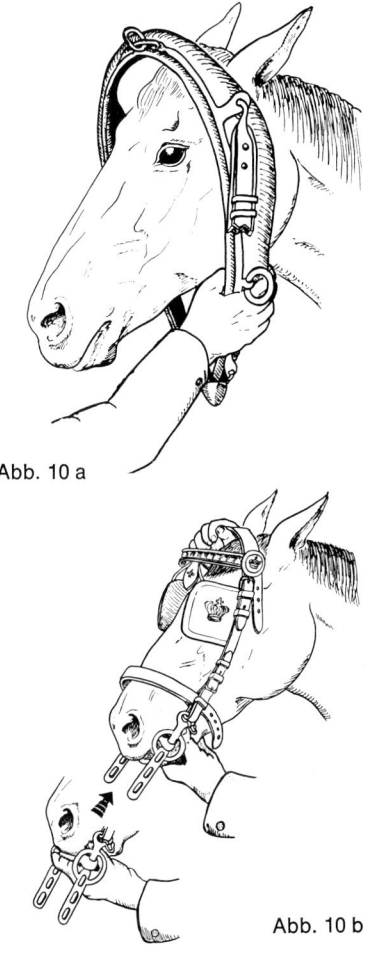

Abb. 10 a

Abb. 10 b

Beim Auflegen des Kopfgestelles darf sich der Fahrer nicht vor das Pferd hinstellen, sondern neben das Pferd mit gleicher Blickrichtung wie das Pferd selbst. Keinesfalls darf man dabei mit dem Gebiß gegen die Zähne des Pferdes stoßen, um damit das Pferd zu veranlassen, das Maul aufzumachen, sonst können die Pferde derart kopfscheu werden, daß man sie nur noch sehr schwer aufzäumen kann. Ein leichter Druck mit dem Daumen der linken Hand auf die Laden des Pferdes genügt, um das unverdorbene Pferd zu veranlassen, das Maul aufzumachen und das Gebiß willig anzunehmen (Abb. 10 b).

Über das Zuschnallen des Kehl- und Nasenriemens, siehe Verpassen des Zaumzeugs. Als letztes wird der große Bauchgurt fest angezogen. Bei Pferden, welche zum Gurtenzwang neigen, ist der große Bauchgurt erst nach dem Anspannen fest anzuziehen.

Anspannen

Zum Anspannen stellt der Fahrer die Pferde vor den Wagen und läßt sie vorsichtig rückwärts an die Deichsel zurücktreten. Die beiden Innenleinen sind bereits eingeschnallt. Er schnallt dann beide Aufhalter fest oder zieht die Aufhalteketten (Abb. 45 d) ein und spannt zuerst das rechte und dann das linke Pferd an. Hat man zum Anspannen einen Gehilfen, so kann man bei charakterlich einwandfreien Pferden die zusammengeschnallten Leinen unter die Oberblattstrippe des linken Pferdes stecken, solange man anspannt. Bei jungen oder weniger vertrauten Pferden und, falls der Fahrer ohne Gehilfe ist, dürfen die Leinen während des An- und Abspannens n i e a u s d e r H a n d gegeben werden. Über das richtige Anspannen, siehe „Herausbringen eines Gespanns auf einem Turnier".

Abspannen

Das Abspannen geht in umgekehrter Reihenfolge vor sich wie das Anspannen. Zuerst linkes Pferd, dann rechtes Pferd abspannen, dann erst beide Aufhalter lösen.

Merke: Beim Anspannen immer z u e r s t Aufhalter festmachen, beim Abspannen Aufhalter immer z u l e t z t losmachen!

Peitschenhilfen

Das Wagenpferd muß von Anfang an an den Gebrauch der Peitsche gewöhnt werden. Da es schon beim Longieren gelernt hat, die Peitsche zu respektieren, jedoch nicht zu fürchten, bereitet dies im allgemeinen keine Schwierigkeiten. Die Peitsche gehört während des Fahrens dauernd in die Hand, um sie bei Bedarf sofort anwenden zu können.
Ohne Peitsche ist der Fahrer machtlos und der Willkür seiner Pferde ausgesetzt.

Man unterscheidet drei Arten von Peitschenhilfen:

1. die vortreibende Peitschenhilfe,
2. die versammelnde Peitschenhilfe,
3. die strafende Peitschenhilfe.

Jede Peitschenhilfe wird aus dem freien Arm gegeben (Abb. 11), das heißt, die Leinen werden von der rechten Hand

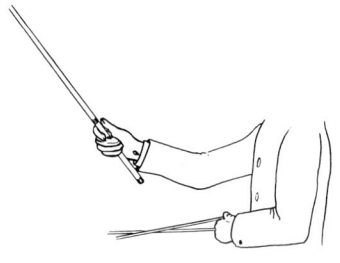

Abb. 11

losgelassen (Grundhaltung). Bei der vortreibenden Peitschenhilfe gibt der Fahrer mit der linken Hand in Richtung des Pferdemauls etwas nach, die rechte Hand gibt die Peitschenhilfe so, daß der Peitschenschlag einige Sekunden auf dem Pferd dicht hinter dem Kammdeckel liegen bleibt. Eine versammelnde Peitschenhilfe gibt man, wenn die Pferde etwas schlapp sind, damit sie sich selbst mehr tragen. Sie wird ebenso wie die vortreibende dicht hinter dem

Kammdeckel gegeben. Die linke Hand hält etwas gegen (halbe Parade), damit sich die Pferde am Gebiß abstoßen.

Bei der strafenden Peitschenhilfe hält die linke Hand mit den Leinen stark gegen, der Fahrer schlägt kurz, aber scharf gegen die Brust zu unter die Strangstütze. Die strafende Peitschenhilfe ist nur in den allerseltensten Fällen anzuwenden.

Unter keinen Umständen darf ein Pferd infolge Scheuens gestraft werden.

Merke: Alle Peitschenhilfen müssen aus dem freien Arm und möglichst geräuschlos gegeben werden!

Will man seine Peitschen stets in guter Form haben und bei der Bogenpeitsche den Schwanenhals erhalten, so muß man sie auf einem Peitschenbrett aufhängen (Abb. 12) und nicht einfach in eine Ecke stellen. Der Eindruck, den ein Gespann hinterläßt, hängt nicht unwesentlich von einer guten Peitsche und deren Haltung und Anwendung ab. Eine Peitsche so krumm wie ein Türkensäbel wird nie einen guten Eindruck hinterlassen.

Viererpeitschen sollen oben genügend lange Dornen besitzen, damit sich der Schlag beim Aufwerfen in diesen Dornen verfängt. Die schönsten und wertvollsten Peitschen sind Schwarzdorne mit der Rinde darauf.

Abb. 12

Rückwärtsrichten

Zum Rückwärtsrichten müssen die Leinen vorher gut verkürzt werden, dann nimmt man Arbeitshaltung ein und richtet ruhig Tritt für Tritt, jedoch ohne abzusetzen, zurück. Mit jungen Pferden übt man das Rückwärtsrichten an einer etwas geneigten Stelle, wo der Wagen fast von selbst rückwärts läuft und stellt die Anforderungen erst allmählich höher. Die Pferde sollen auf leichtes, gleichmäßiges Annehmen beider Leinen willig in diagonaler Fußfolge zurücktreten. Ein Zurückreißen ist fehlerhaft und verdirbt nur die Pferdemäuler. Die Pferde verlieren dadurch das Vertrauen zur Hand des Fahrers. Falls die Pferde nicht, oder nur widerwillig zurücktreten, stellt sich ein Gehilfe vor die Pferde und berührt mit einer Reitgerte die Kronen der Vorderbeine. Auf diese Hilfe tritt jedes Pferd zurück.

Beim Zurücksetzen zum Wenden ist wichtig, der Deichsel den richtigen Einschlagwinkel zu geben und denselben während des Zurücksetzens einzuhalten. Man vergegenwärtige sich die Größe des Winkels, in dem die Deichsel zur Hinterachse stehen würde, wenn man den gleichen Weg, den man zurücksetzen will, vorwärts gefahren wäre. Während des Zurücksetzens darf die Richtung der Deichsel nicht geändert werden, sonst gibt es Kronentritte. Bei sehr kurzen Wagen nur einen ganz geringen Einschlagwinkel nehmen, sonst klappt der Wagen wie ein Taschenmesser schon nach den ersten Tritten zusammen.

Paraden

Paraden werden durch leichtes Gegenhalten mit beiden Leinen, das sich bis zum Annehmen steigern kann, durchgeführt. Nach der Parade müssen die Hände jedoch sofort wieder nachgeben, aber nie soviel, daß die Pferde schneller werden oder nicht mehr an der Hand stehen. Genau so wie beim Reiten sind auch beim Fahren immer wieder halbe Paraden erforderlich, um die Pferdemäuler lebendig zu erhalten und dem Eilen im Gang zu begegnen, die Haltung zu verbessern, oder von einer höheren in eine niedrigere Gangart zu wechseln. Ganze Paraden wendet man an, um die Pferde zum Halten zu bringen, gleichgültig aus welcher Gangart, jedoch nur in Verbindung mit der Bremse und durch Einleitung von halben Paraden.

Geschirrlehre

Genau wie jeder Handwerker muß auch der Fahrer sein Handwerkszeug, das heißt, seine Geschirre und die Zubehörteile genau kennen und den einzelnen Teilen ihren richtigen Namen geben können. Jeder Fahrer muß sich diese Kenntnisse aneignen und muß über Zaumzeug, Geschirr, richtiges Verpassen der Geschirre, Leinen usw. genau Bescheid wissen, denn nur ein richtig verpaßtes Geschirr, richtig geschnallte Leinen und gutes, sachgemäßes Anspannen gewährleisten vollste Ausnützung der Pferdekräfte. Er muß auch darüber Bescheid wissen, welche Geschirre für seine Zwecke am besten und vorteilhaftesten sind.

Für schweren Zug und in bergigem Gelände wird man dem Kumtgeschirr den Vorzug geben, da das richtig gearbeitete und gut verpaßte Kumt auf der ganzen Pferdeschulter aufliegt und so dem Pferd Gelegenheit gibt, seine ganze Kraft

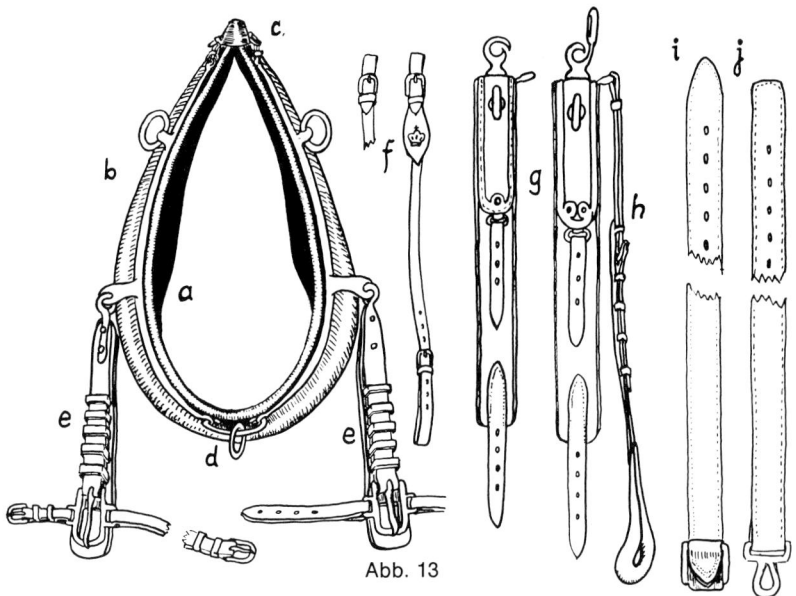

Abb. 13

in das Geschirr zu legen. Auch läßt das richtig verpaßte Kumt das Buggelenk des Pferdes frei, so daß das Pferd auch beim Ziehen schwerster Lasten unbehindert vorwärtsschreiten kann. Das gut gearbeitete Kumt muß die Form einer Birne und nicht die eines Ei's haben. Im Flachland kann das Sielengeschirr verwendet werden. Das Verpassen des Sielengeschirrs hat aber mit größter Sorgfalt zu geschehen, da sonst das Pferd großen Schaden erleiden kann. Wenn das Brustblatt zu hoch liegt, drückt es auf die Luftröhre und behindert das Pferd in der Atmung. Liegt es jedoch zu tief, drückt es auf das Buggelenk und behindert das Pferd im Vorwärtsschreiten.

Das Kumtgeschirr

Das Kumtgeschirr (Abb. 13) besteht aus: a) Kumtkissen, b) Kumtbügel mit den beiden beweglichen Leinenaugen und den beiden Zugkrampen, c) Kumtgürtel, d) Langring mit Aufhaltering, e) zwei Strangstutzen mit Strangstutzenschnalle, Oberblattstössel, kleinem Bauchgurt und Bauchgurtstrippe, f) Sprungriemen, g) Kammdeckel mit großem Bauchgurt, Bauchgurtstrippe, zwei Oberblattstrippen zur Verbindung des Kammdeckels mit der Strangstutze, Kammdeckelschlüssel mit Fallring zum Einschnallen des Schweifriemens, h) Schweifriemen mit angenähter, nicht angeschnallter Schweifmetze und den beiden Strängen, i) auswendiger, vorn spitzer Strang des Zweispänners und des Vierspänner-Stangenpferdgeschirrs, j) inwendiger, vorn eckiger Vorderstrang mit Stahlzugöse. Die Länge der Stränge ist für Zweispänner und die Stangenpferde beim Vier- und Sechsspänner bei Sprengwage mit Ortscheiten gleich. Außenstrang 2,03 m, Innenstrang 1,98 m, bei einer Strangstutzenlänge von 55 cm. Vorderstränge beim Vierspänner jeweils um 10 cm kürzer. Dasselbe gilt für Vorder- und Mittelstränge beim Sechsspänner. Die Stränge sollen 5 Löcher haben, die in einem Abstand von 6 cm so angebracht sind, daß das mittlere der 5 Löcher 35 cm von der Spitze entfernt ist.

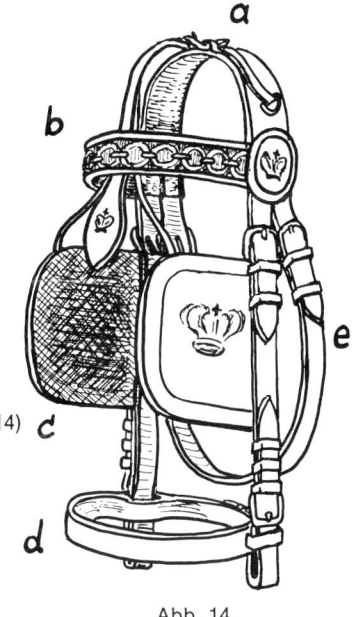

(Abb. 14)

Abb. 14

Das Zaumzeug (Kopfgestell)

Es besteht aus: a) Kopfstück mit Blendriemenschnalle, b) Stirnriemen, c) zwei Backenstücken mit Scheuklappen und Blendriemen, welche um die Scheuklappen in ihrer richtigen Lage zu halten, aus einem Stück gearbeitet sein müssen, d) Nasenriemen, e) Kehlriemen und Gebiß (siehe Abbildungen 35 und 36).

Die hier bezeichneten Einzelteile beziehen sich auf das Kutschkumtgeschirr mit Kopfgestell. Beim Arbeitskumtgeschirr, welches schwerer und breiter gebaut ist und mit Unterkumt gefahren wird, entfallen einige Einzelteile des

Kutschkumtgeschirrs. Der Sprungriemen entfällt ganz, der Kammdeckel wird durch den sogenannten Überrück (Rückenriemen) ersetzt und der Schweifriemen geht durch bis zum Kumt.

Das Kopfgestell wird durch das sogenannte Fahrhalfter ohne Scheuklappen ersetzt. Das Gebiß kann durch Knebel leicht ein- und ausgeknebelt werden.

Das Einspännerkumtgeschirr

(Abb. 15)

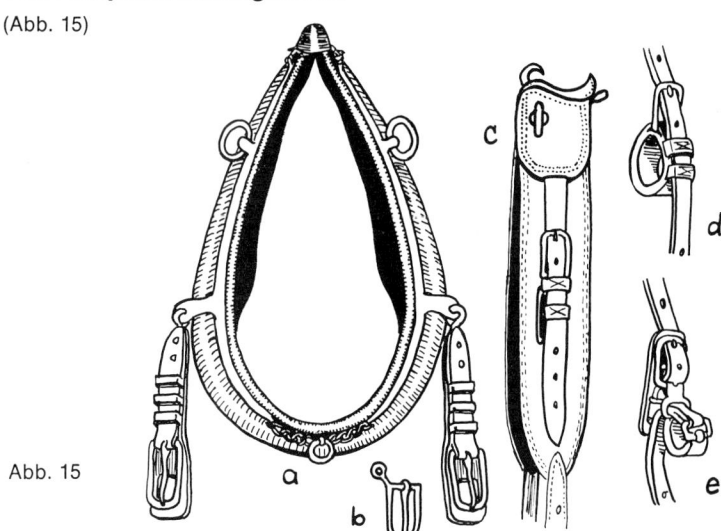

Abb. 15

Das Kumt selbst ist genau wie beim Zweispänner, hat jedoch statt Langring Schlußkette (a) und die beiden Kumtbügel enden unten in einem Haken zum Einhaken der Schlußkette. Die Strangstutze ist kurz, damit die Strangstutzenschnalle vor der Trageöse liegt, weshalb keine Strangstutze eines Zweispännergeschirres paßt (b = Strangstutzenschnalle des Tandem-Gabelpferdgeschirrs). Statt des Kammdeckels hat das Einspännergeschirr, gleichgültig ob Kumt oder Siele, eine Selette (c) mit Trageriemen, in den die Trageösen eingeschnallt werden. Die Selette muß gut gepolstert sein, damit die Kammer bei Pferden mit hohem und langem Widerrist, keine Druckstellen erzeugt. Zu vierrädrigen Wagen sind eiserne Trageösen (e), zu zweirädrigen Wagen sind lederne Trageösen (d) zu verwenden. Die Scherbäume sind so in die Trageösen einzulegen, daß die Trageriemen senkrecht hängen, wenn das Pferd im Zug ist, sogar eher etwas nach rückwärts als nach vorwärts hängen, damit der große Bauchgurt nicht gegen den Ellbogen drückt und denselben wundscheuert. Der Riemen der Trageösen wird in die zu diesem Zweck am großen Bauchgurt angebrachten Schnallen eingeschnallt. Die Selette darf keinesfalls auf dem Widerrist liegen, sondern muß durch den Schweifriemen in der richtigen Lage gehalten werden. Sie muß dem Pferderücken gut angepaßt sein. Wenn die Selette zu weit nach vorn liegt, erscheint der Rücken des Pferdes zu lang, Hals und Schultern jedoch zu kurz, und es besteht die Gefahr, daß dabei die Ellbogenhöcker des Pferdes durchgescheuert werden.

Abb. 16   Öse für Hintergeschirr   Öse für Schlagriemen

Die Enden der Scherbäume (Abb. 16) sollen leicht nach außen gebogen sein, damit das Pferd nicht in den Wendungen an der Schulter behindert wird. Sie sollen auch nicht weiter als bis zur Schulter des Pferdes nach vorn hinausragen. Das Ortscheit sollte in der Mitte beweglich sein, damit ein ruhiges Fahren gewährleistet ist.

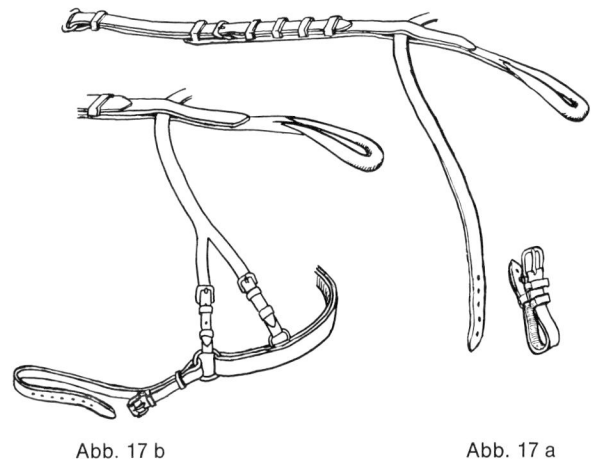

Abb. 17 b   Abb. 17 a

Der Schlagriemen (Abb. 17 a) muß hinter der Hüfte des Pferdes liegen und in einer Öse an den Scherbäumen festgemacht sein. Er muß so lang geschnallt sein, daß das Pferd auch im starken Trabe nicht behindert wird.
Fährt man mit Hintergeschirr (Abb. 17 b) — bei allen Einspännern gestattet, bei einachsigen Wagen jedoch Vorschrift — muß der Umgang so geschnallt sein, daß man, wenn das Pferd in den Strängen steht, rechts und links unterhalb des Sitzbeines je eine Faust zwischen Umgang und Pferd durchstecken kann. Die obere Kante des Umgangs soll eine Handbreite unter dem Sitzbeinhöcker liegen. Mit dem Scherenriemen wird der Umgang in den dafür vorhandenen Ösen rechts und links an den Scheren festgeschnallt.

Verpassen des Kumtgeschirrs

Nur mit einem gut verpaßten Geschirr ist das Pferd in der Lage, seine ganze Kraft zum Fortbewegen einer Last einzusetzen. Das Kumt muß auf einer möglichst großen Fläche der Pferdeschulter aufliegen. Der Fahrer muß mit den Fingerspitzen der vier Finger, ausgenommen Daumen, seitlich zwischen Kumt und Pferdehals entlangfahren und unten mit der Faust zwischen Kumt und Luftröhre eingreifen können. Die Zugrichtung zwischen Zugkrampe und Ortscheit oder zwischen Brustblatt und Ortscheit (siehe auch Seite 42) darf nirgends gebrochen sein.

Der Zugrichtungswinkel soll etwa 10 bis 12 Grad betragen. Der Kammdeckel liegt direkt hinter dem Widerrist und muß genügend hoch gepolstert sein, um bei Pferden mit hohem und langem Widerrist Druckstellen zu vermeiden. Der Schweifriemen muß richtig geschnallt sein, um den Kammdeckel in seiner richtigen Lage zu halten. Der Innenstrang soll um 5 cm kürzer sein als der äußere, damit das Ortscheit nicht gegen die Sprengwaage schlägt.

Verpassen des Zaumzeuges

Das Verpassen des Zaumzeuges ist sehr sorgfältig vorzunehmen. Das Stirnband darf nicht zu kurz sein, damit es an den Ohren nicht klemmt und scheuert. Die Scheuklappen müssen so liegen, daß das Auge zwischen dem ersten und zweiten Drittel der Scheuklappe von oben nach unten liegt. Liegt die Scheuklappe zu hoch, so drückt die Schnalle auf das Schläfenbein und erzeugt dort eine Druckstelle. Um die Scheuklappen richtig zu verpassen, verschnallt man an den oberen Backenstückschnallen und den Strippen des Kopfstücks. Siehe Abbildung 14. Die Metalleinlage in den Scheuklappen muß so gearbeitet sein, daß sie die Scheuklappen vom Auge fernhält. Keinesfalls dürfen die Scheuklappen auf die Augen drücken, wie das sehr oft üblich ist.

Das Gebiß muß so im Maul liegen, daß es die Maulwinkel nicht hochzieht, aber auch nicht so tief, daß es auf den Hakenzähnen liegt. Die richtige Lage des Gebisses stellt man durch Verschnallen an der unteren Backenstückschnalle her. Der Nasenriemen (Abbildung 18) darf nicht durch die Backenstücke durchlaufen, sondern die Backenstückstrippen müssen durch den Nasenriemen laufen, das heißt, durch die zu

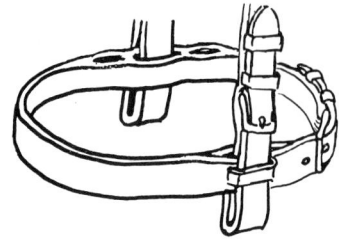

Abb. 18

diesem Zweck am Nasenriemen angebrachten Schlaufen und Durchlässe, damit der Nasenriemen auf- und abgeschoben und so an der richtigen Stelle zugeschnallt werden kann. Er soll so geschnallt sein, daß man noch mit zwei Fingern zwischen Nasenriemen und Nasenrücken eingreifen kann. Die untere Kante des Nasenriemens soll etwa vier Finger hoch über dem oberen Nüsternrand liegen. Der Kehlriemen muß so geschnallt sein, daß man mit der flachen Hand senkrecht zwischen Kehlriemen und Kehlgang eingreifen kann.

Das Sielengeschirr

Es besteht aus: a) Brustblatt, b) Halsriemen, c) Halskoppel, d) Kammkissen oder Kammdeckel, e) zwei Schnallstössel (lose) zur Verbindung des Brustblatts mit dem Kammkissen, f) Kammkissenbauchgurt, g) Umgang, h) zwei Tauträger (zum Umgang), i) Hinterzeug, k) vier Schweberiemen zum Hinterzeug, l) Verbindungsriemen zur Verbindung des Kammkissens und Hinter-

22

zeuges, m) Bauchgurt, n) zwei lose Schnallstrippen zur Verbindung des Bauch-
gurts mit dem Brustblatt, o) zwei Geschirrtaue. Bei dieser Aufzählung handelt
es sich um ein Arbeitssielengeschirr. Beim Kutschensielengeschirr entfallen
die Teile c, evtl. g, h, i, k, l und die Geschirrtaue werden durch Stränge ersetzt.
(Abb. 19: a, b, d, e, f m, n stellt ein Kutschsielengeschirr dar; siehe auch Abb. 17)

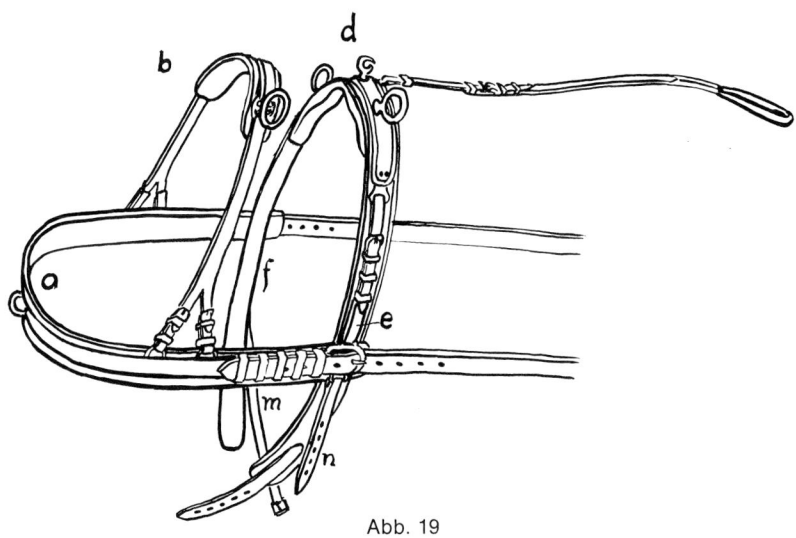

Abb. 19

Verpassen des Sielengeschirrs

Das Verpassen des Sielengeschirrs hat mit ganz besonderer Sorgfalt zu geschehen, da ein unpassendes Geschirr schwere Schädigungen des Pferdes
herbeiführen kann. Besonderes Augenmerk ist auf die Lage des Brustblatts zu
richten. Das 8 bis 13 cm breite Brustblatt soll mit seiner unteren Kante zwei
Finger breit über der Buggelenkspitze liegen, jedoch nicht so hoch, daß es mit
seiner oberen Kante auf die Luftröhre drückt und damit dem Pferd das Atmen
erschwert. Die richtige Lage des Brustblatts wird durch Verschnallen des
Halsriemens und der Halskoppel herbeigeführt. Das Kammkissen liegt direkt
hinter dem Widerrist, wie der Kammdeckel beim Kumt. Der Umgang liegt eine
Handbreite unter dem Sitzbein und läßt zwischen Umgang und Hinterbacken
des Pferdes eine Faustbreite Raum. Die richtige Lage und Länge des Umgangs
wird durch Verschnallen der vier Schweberiemen des Hinterzeugs und der
Umgangsstrippe hergestellt. Das Hinterzeug liegt eine Handbreite hinter dem
höchsten Punkt der Kruppe und wird durch Verschnallen des Verbindungs-
riemens zwischen Hinterzeug und Kammkissen in seine richtige Lage gebracht.
Die Tauträger sind so zu schnallen, daß die Zugrichtung der Stränge nicht gebrochen wird.
Zum Verpassen des Zaumzeugs gilt das beim Kumtgeschirr gesagte. Zum
Sielengeschirr wird als Gebiß Doppelringtrense verwendet.

Die Achenbach-Leine

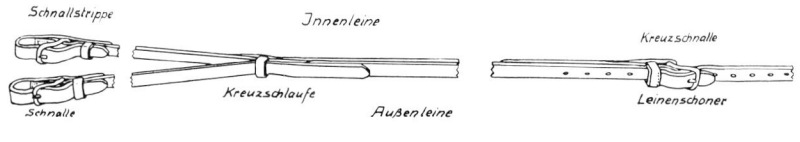

Abb. 20

Die Achenbachleine (Abb. 20) ist eine von dem Altmeister der Fahrkunst Benno von Achenbach entworfene Kreuzleine, die alle Vorteile sämtlicher Kreuzleinen in sich vereinigt und alle Nachteile ausschließt. Sie soll aus gutem, kernigem Leder gefertigt sein, darf nirgends Bruch- oder Rißstellen zeigen, da sonst ihre Betriebssicherheit nicht gewährleistet ist. Die Leine besteht aus zwei durchgehenden Außenleinen und zwei verschnallbaren Innenleinen, vier Schnallstrippen mit Schnallen, zwei Kreuzschlaufen, zwei Kreuzschnallen und zwei Leinenschonern. Von den beiden Außenleinen endet die eine in einer Strippe und die andere in einer Schnalle. Durch diese Strippe und Schnalle werden die Leinen als Rechte und Linke bezeichnet. Es heißt: Schnalle links und Strippe rechts (Abb. 21), das heißt, man soll die Leine mit der Schnalle immer auf das linke Pferd und die mit der Strippe immer auf das rechte Pferd auflegen.

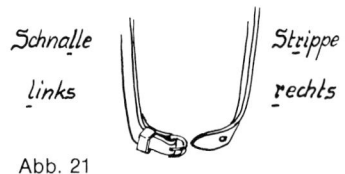

Abb. 21

Der Teil der Leine, welchen der Fahrer beim Fahren in der Hand hält, wird als Handstück bezeichnet.

Die Gesamtlänge der Leine beträgt 4,50 m. Die beiden Innenleinen haben eine Länge von 3,02 m. Auf den Außenleinen sind auf einer Fläche von 40 cm 11 ovale Löcher angebracht, von Loch zu Loch also 4 cm, um die Leine verschnallen zu können. Von diesen 11 Löchern ist das sechste das sogenannte Normalloch. Von diesem Normalloch aus mißt die Außenleine bis zur eingeschnallten Einschnallstrippe vorn 2,90 m. Die Innenleine, deren ganze Länge 3,02 m beträgt, ist bei Normalschnallung im sechsten Loch 12 cm länger als die Außenleine. Diese 12 cm braucht man, weil die Innenleine einen weiteren Weg zu beschreiben hat als die Außenleine, um die Pferdeköpfe bei mittleren Pferden geradeaus zu stellen.

Jede der vier Leinen hat je ein Ansatzstück, das heißt eine Stelle, an der die Leinen zusammengenäht sind. Diese Ansatzstücke müssen an einer Stelle angebracht sein, wo sie weder scheuern noch reiben können, da sonst die Nähte aufgehen und die Betriebssicherheit der Leine notleiden könnte. An den Ansatzstücken der Innenleinen sind die beiden Kreuzschlaufen angebracht. Der Abstand der Kreuzschnallen bis zu den Kreuzschlaufen beträgt 1,02 m. Die Breite der Leine beträgt 27 mm.

Bei der Achenbachleine unterscheidet man drei Arten von Schnallungen:

1. Normalschnallung für mittlere Pferde im 6. Loch (Abb. 22),
2. Normalschnallung für breite, schwere Pferde im 7. Loch (Abb. 24),
3. Normalschnallung für kleine, schmale Pferde im 5. Loch (Abb. 23).

Abbildung 25 zeigt die Normalschnallung — mit Leinenschonern — wie sie der Fahrer vor sich sieht.

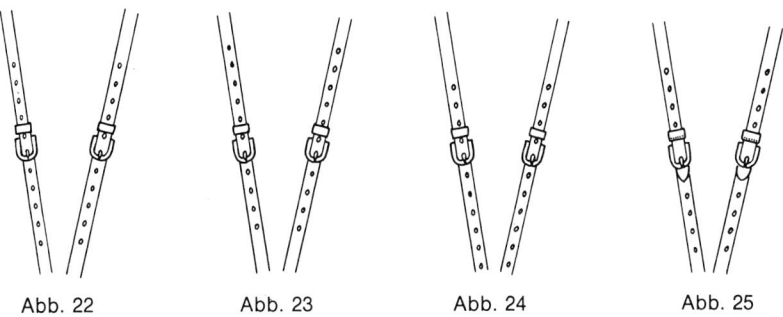

Abb. 22   Abb. 23   Abb. 24   Abb. 25

Bei der Normalschnallung für mittlere Pferde im 6. Loch ist, wie schon gesagt, die Innenleine 12 cm länger als die Außenleine. Diese 12 cm gewährleisten die Geradeausstellung der Pferdeköpfe bei mittleren Pferden, wenn sie am Gebiß stehen.
Der Fahrer hat bei dieser Schnallung zwischen Hand- und Kreuzschnalle zehn freie Löcher. Bei kleinen, schmalen Pferden hat die Innenleine einen etwas kürzeren Weg zu beschreiben, da der Zwischenraum von Pferderücken zu Pferderücken ein kleinerer ist, deshalb schnallt man hier die Innenleinen in das fünfte Loch. Die Innenleinen sind jetzt um 8 cm länger als die Außenleinen. Der Fahrer hat acht freie Löcher zwischen Hand und Kreuzschnalle. Bei schweren, breiten Pferden haben die Innenleinen einen weiteren Weg zu beschreiben, da der Zwischenraum zwischen den Pferderücken größer ist, weshalb die Innenleinen in das siebente Loch geschnallt werden müssen, sind also jetzt 16 cm länger als die Außenleinen. Die Erfahrung hat gelehrt, daß dies bei unseren heutigen großen Warmblutpferden die geeignetste Schnallung ist. Der Fahrer hat dabei zwölf freie Löcher zwischen Hand und Kreuzschnalle. Um dies verständlich zu machen ein Beispiel:
Man nimmt eine Leine, die für kleine, schmale Pferde, also im fünften Loch geschnallt ist, und legt sie ein paar schweren, breiten Pferden auf. Die Folge ist, daß die Pferdeköpfe gegenseitig nach innen zusammengezogen werden, denn die Innenleinen sind zu kurz. Umgekehrt ist der Fall, wenn man eine im siebenten Loch geschnallte Leine auf ein paar kleine, schmale Pferde legt. Die Pferdeköpfe werden jetzt nach außen gezogen, da die Innenleinen für diese Pferde zu lang sind. Beim Fahren müssen die Pferdeköpfe immer geradeaus gestellt sein. Sie dürfen eher eine Nuance nach außen als nach innen gestellt sein. Die Achenbachleine bietet den Vorteil, mit ihr den Temperaments- und Arbeitsausgleich herbeizuführen und die Körperbauverschiedenheiten ausgleichen zu

können. Es ist doch eine Seltenheit, wenn man zwei in Größe und Temperament gleiche Pferde hat. Oft wird es der Fall sein, ein temperamentvolles und ein phlegmatisches, etwas faules Pferd im Gespann zu haben. Dabei zieht das fleißige, temperamentvolle Pferd den Wagen, während das faule, ohne zu ziehen, nebenher läuft. Um nun dem faulen Pferd ebenfalls einen Teil der Last zukommen zu lassen, schnallt der Fahrer das fleißige Pferd auf der Leine um einige Löcher zurück und läßt das faule vor. Ein Beispiel soll dies verständlich machen:

Das linke Pferd ist fleißig, das rechte ist faul. Der Fahrer kann das am besten durch Beobachten der Deichsel feststellen. Die Deichselspitze zeigt grundsätzlich nach dem faulen Pferd zu. Der Wagen hat die Neigung, nach der Seite des faulen Pferdes hin zu laufen. Der Fahrer muß nun das linke Pferd zurückschnallen und das rechte vorlassen. Er schnallt jetzt auf der rechten Leine die Innenleine um zwei Loch zurück, auf der linken Leine schnallt er die Innenleine um zwei Loch vor. Er muß um die gleiche Lochzahl, die er auf der rechten Leine zurückgeschnallt hat, auf der linken Leine vorschnallen.

Bevor er verschnallt muß er sich überzeugen, welche Normalschnallung, das heißt, wieviel freie Löcher er zwischen Hand und Kreuzschnalle hat. Wenn er z. B. von der Normalschnallung für mittlere Pferde im sechsten Loch ausgeht, hat er zwischen Hand und Kreuzschnalle zehn freie Löcher. Schnallt er nun das linke Pferd um zwei Loch zurück, so hat er auf der linken Leine sieben freie Löcher, auf der rechten Leine drei freie Löcher, zusammen zehn freie Löcher. Er muß bei der Verschnallung immer wieder auf die freie Lochzahl zurückkommen, von der er ausgegangen ist, damit die Pferdeköpfe geradeaus gestellt bleiben, gleichgültig aus welchem Grund das Verschnallen erfolgte.

Beim Ausgleichen von Körperbauverschiedenheiten verhält es sich ebenso. Dazu nochmals ein Beispiel:

Der Fahrer hat ein Pferd mit langem und eines mit kurzem Hals. Beide Pferde stehen gut am Gebiß und trotzdem zieht nur ein Pferd, nämlich das mit dem kurzen Hals, denn der Abstand zwischen Brust und Pferdemaul ist bei ihm ein kürzerer als der bei dem Pferd mit dem langen Hals. Da beide Pferde gleichmäßig gut am Gebiß stehen, kommt dasjenige mit dem kurzen Hals zuerst mit der Brust an das Brustblatt oder Kumt und zieht so den Wagen an der festen Sprengwaage vorwärts, während das Pferd mit dem langen Hals nicht zum Ziehen kommt, da es durch das Abstoßen am Gebiß daran gehindert wird, soweit vorwärts zu gehen, bis die Brust mit dem Brustblatt oder Kumt in Berührung kommt und das Pferd ziehen könnte. Um nun dieses Pferd ebenfalls in den Zug zu bringen, muß ihm der Fahrer mehr Leine geben, das heißt, er muß es auf der Leine vorschnallen. Das früher vielfach übliche Kürzerschnallen der Stränge, um ein Pferd vermehrt in den Zug zu bringen, ist jetzt nicht mehr nötig, da das gleiche Ergebnis viel leichter und einfacher mit der Leine erzielt wird. Im Gegenteil, der Fahrer muß stets auf die richtige Länge aller vier Stränge achten, das heißt, beide Innenstränge sind 5 cm kürzer als die Außenstränge. Nur so ist ein gleichmäßiges Arbeiten gewährleistet.

Der Fahrer muß sich beim Verschnallen grundsätzlich darüber im klaren sein, was er tun will und muß dies auf der gegenüberliegenden Leine ausführen. Beispiel: Das linke Pferd vorzulassen, um es vermehrt in den Zug zu bringen, erfordert auf der rechten Außenleine die Innenleine vorzuschnallen und auf der linken Außenleine die Innenleine um die gleiche Anzahl von Löchern zurückzuschnallen.

Durch die direkt vor der Hand des Fahrers angebrachten Kreuzschnallen ist es dem Fahrer möglich — was oft notwendig sein wird — vom Bock aus während des Fahrens den Arbeitsausgleich herbeizuführen, also zu verschnallen. Bevor jedoch der Fahrer verschnallt, muß er sich überzeugen, ob beide Pferde am Gebiß stehen, wenn nicht, treibt er das nicht am Gebiß stehende energisch heran.

Das Verschnallen wirkt sich natürlich nur dann richtig aus, wenn an der festen Sprengwaage angespannt ist. Deshalb soll nun derjenige Fahrer, welcher mit Spielwaage fährt, die Achenbachleine nicht als zwecklos betrachten. Ganz im Gegenteil! Jeder Fahrer, der mit Spielwaage fährt, ist bestrebt, dieselbe in waagrechter Stellung zu halten. Um dies zu erreichen ist er ja ebenfalls gezwungen, seine Pferde richtig zu verschnallen, sonst zieht das fleißige Pferd dauernd die Spielwaage auf seiner Seite vermehrt vorwärts.

Die Achenbachleine kann auch als Einspännerleine verwendet werden. Man schnallt zu diesem Zweck die Innenleinen heraus und benützt nur die beiden Außenleinen. Dies ist jedoch nur möglich, wenn die Kreuzschlaufen auf den Innenleinen angenäht sind und die Schnalle am Ende des linken Handstücks genügend klein ist, um sich durch die Kreuzschnalle und Schlaufe hindurchziehen zu lassen.

Die Schnallstrippen der Innenleinen sind bei der Achenbachleine verkehrt angenäht, so daß man beim Einschnallen ins Gebiß mit der jeweiligen Innenleine eine Halbrechtsdrehung gegen den Kopf des betreffenden Pferdes machen muß. Damit legt sich die Leine auf dem Rücken der Pferde besser. Keinesfalls dürfen die Schnallen in Richtung Pferdemäuler zeigen. Da sich die einzelnen Leinen im Laufe der Zeit verziehen, ist es notwendig von Zeit zu Zeit die Maße zu überprüfen. Man schnallt zu diesem Zweck die Innenleine in das 6. Loch, legt Außen- und Innenleine glatt aufeinander und nun muß die Innenleine bei eingeschnallter Einschnallstrippe vorn, um 12 cm länger sein, als die Außenleine. Stimmt dies nicht mehr, muß man die Leine vom Sattler egalisieren lassen. Dies ist sehr wichtig, da sonst die Stellung der Pferde nie stimmt.

Man kann übrigens die richtige Länge der beiden Leinen, Außen- und Innenleine, auch auf folgende Art überprüfen: Man schnallt die Innenleine in das 3. Loch, von der Hand des Fahrers aus gerechnet und nun müssen beide Leinen gleich lang sein. Wenn dies nicht stimmt, muß man ändern lassen.

Umänderung einer ortsüblichen deutschen Kreuzleine zur praktischen Verwendung

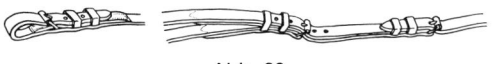

Abb. 26

Die ortsübliche deutsche Kreuzleine (Abb. 26) hat im allgemeinen drei bis fünf Löcher auf der Außenleine des Kreuzstücks und bis zu drei Löcher an den

Einschnallstrippen, mit denen man die Leine in das Gebiß einschnallt. Da wir alle Verschnallungen, die vorkommen, nur an den Kreuzschnallen vornehmen, müssen an diesen Einschnallstrippen zunächst die zweiten und dritten Löcher durch einen Lederpfropfen geschlossen werden, so daß eine Änderung der Länge der Leine vorn am Gebiß nicht mehr möglich ist, weil nur noch ein Loch vorhanden ist. In dieses Loch schnallt man nun die Einschnallstrippen, legt nun innere und äußere Leine glatt aufeinander und zwar so, daß die innere Einschnallstrippe 12 cm über die äußere hervorragt. Jetzt schnallt man die Kreuzschnalle in ein schon vorhandenes oder neu anzubringendes Loch, so daß nun bei dieser Schnallung die innere Leine um 12 cm länger als die äußere ist.

Dieses Loch ist nun das Normalloch und damit das sechste der elf Löcher, die eine Normalleine haben soll. Von diesem Normalloch aus müssen nun nach vorn gegen die Pferdemäuler und nach rückwärts gegen die Hand des Fahrers zu noch jeweils fünf weitere Löcher angebracht werden. Im Notfall reichen statt der fünf auch vier Löcher, so daß insgesamt nur 9 Löcher vorhanden sind. Der Abstand dieser Löcher soll nach Vorschrift je 4 cm betragen. Nun werden aber wohl in den meisten Fällen schon alte Löcher vorhanden sein, die man mitbenützen muß, so daß man den neu anzubringenden Löchern denselben Abstand gibt, den die schon vorhandenen haben, damit nachher beim Verschnallen keine falschen Längen herauskommen. Der Abstand der einzelnen Löcher voneinander muß unbedingt der gleiche sein.

Falls man nun auf diese Art nicht zurecht kommt, da eventuell die Innenleine zu lang ist oder ähnliches, kann man die richtige Länge der einzelnen Leinen auch folgendermaßen herbeiführen: Man verkürzt die innere oder äußere Leine in ihrer Länge, indem man die vordere Einschnallstrippe abschneiden und in der richtigen Länge neu annähen läßt. Sämtliche Löcher an einer Leine sollen oval sein, damit sie gut verschnallbar sind. Die alten, durchweg runden Löcher auf der deutschen Kreuzleine läßt man auf oval erweitern. Durch eine auf diese Art abgeänderte deutsche Kreuzleine ist der Fahrer in der Lage, genau wie mit der Achenbachleine seine Pferde richtig zu verschnallen. Er kann das allerdings nicht vom Bock aus wie bei der Achenbachleine, da bei der deutschen Kreuzleine die Kreuzstücke dafür zu kurz sind. Zu beachten ist jedoch, daß die Kreuzstücke nicht zu kurz sind, damit sie bei Geschirren mit Kammdeckel, nicht bei einem evtl. Sprung eines Pferdes nach vorwärts auseinander gerissen werden und damit dem Fahrer jede Möglichkeit zum Einwirken auf die Pferde genommen ist.

Spreng- und Spielwaage

Beim Fahren wird im allgemeinen entweder die Spreng- oder die Spielwaage verwendet.

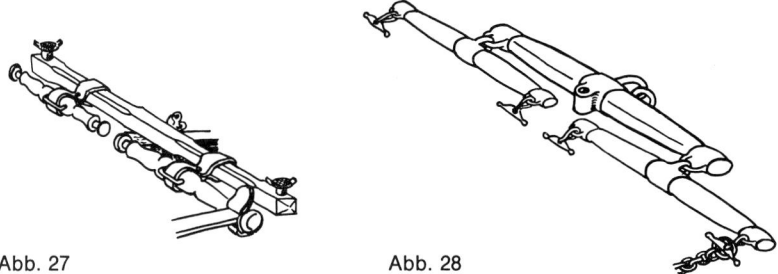

Abb. 27   Abb. 28

Die Sprengwaage (Abb. 27) ist mit ihrem Waagbalken starr mit dem Wagen verbunden, mit beweglichen Ortscheiten, während die Spielwaage (Abb. 28) in der Mitte des Waagbalkens am Wagen so angebracht ist, daß sie rechts und links vor- und rückwärts kann, also spielt. Die Ortscheite, auch Schwengel genannt, sind ebenfalls gegenüber dem Waagbalken beweglich. Jede dieser Anspannungen hat ihre Berechtigung.

Zum Einfahren junger Pferde, zum korrekten Fahren und beim „Geigen" der Pferde ist unbedingt die Sprengwaage erforderlich.

In der Landwirtschaft jedoch ist der Spielwaage der Vorzug zu geben. Durch die oftmals sehr schlechten, unebenen Feldwege würden die Pferde beim Ziehen an der festen Sprengwaage dauernd Stöße auf die Brust bekommen. Die Spielwaage wirkt hier zum großen Teil ausgleichend. Auch kann an vielen landwirtschaftlichen Geräten gar keine Sprengwaage angebracht werden. Aus diesem Grunde ist in der Landwirtschaft die Spielwaage die geeignetste Anspannung. Man muß dabei nur berücksichtigen, daß die Wendungen früher eingeleitet werden müssen als bei der Sprengwaage, da das äußere Pferd durch sein vermehrtes Ziehen der Deichsel nicht den gewünschten Einschlag in die neue Richtung bringt, sondern die Deichsel mit der Schulter in die neue Richtung drücken muß.

Zum korrekten Fahren ist jedoch die Sprengwaage unentbehrlich. Nur mit fester Anspannung läßt sich zentimetergenau fahren. Über Einfahren junger Pferde und „Geigen" der Pferde siehe die bestimmten Abschnitte.

Man kennt nun noch eine dritte Anspannungsart, die sogenannte Dockenanspannung (Abbildung 29). Sie ist völlig starr. Die Ortscheite fehlen, die Stränge werden über die sogenannten Docken gestreift und festgemacht.

Diese Dockenanspannung kennt man nur bei Kutschwagen und ist nur bei wirklich zugfesten Pferden zu empfehlen.

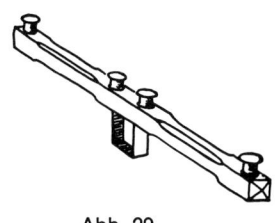

Abb. 29

Allgemeines

Zusammenwirken der Hilfen

Die Pferde des Gespanns müssen beim Fahren jederzeit durch die Leinen in der Hand des Fahrers sein, das heißt, sie müssen dauernd eine gleichmäßige Anlehnung haben. Je weicher diese Anlehnung ist, desto tätiger und folgsamer ist das Maul. Die Pferde sollen stets einen gesunden Drang nach vorwärts haben und die Anlehnung ans Gebiß suchen.

Der Fahrer muß die treibenden und verhaltenden Hilfen zweckentsprechend anwenden und in Einklang bringen. Er muß sich jedoch im klaren darüber sein, daß seine Leinenhilfen, wenngleich sie behutsam beginnen und nur allmählich sich steigern sollen, doch deutlicher sein müssen als die Zügelhilfen des Reiters. Zum Nachgeben und Annehmen der Leinen kommt man meist nicht mit den Drehungen der Hände aus. Die verhaltenden Leinenhilfen müssen nach Stärke und Dauer bemessen werden. Übertrieben starke oder gar grob verhaltende Hilfen beschädigen die Pferdemäuler und Beine, verleiden den gesunden Drang nach vorwärts und die Lust zum Ziehen. Sie können infolge der verursachten Schmerzen empfindliche Pferde zu Widersetzlichkeiten treiben. Die richtige Wirkung der verhaltenden Leinenhilfen ist dann gegeben, wenn die Hilfen willig befolgt werden.

Bei allen Paraden ist wichtig, mit der Hand sofort wieder zur Belohnung nachzugeben, sobald der Zweck erreicht wurde, das heißt, sobald die Parade wirksam geworden ist, andernfalls werden die Pferde aus Schmerz zu Gegendruck gegen die Hand veranlaßt. Ein Fahrer, der sich festzieht, verliert schließlich die Herrschaft über das Gespann. Besonders bei Pferden mit verdorbenen Mäulern wird es oft zum Übergang von einer höheren in eine niedrigere Gangart notwendig sein, die Paraden sehr frühzeitig zu beginnen und dieselben in verschiedenen halben Paraden zur Anwendung zu bringen.

Richtiger Peitschengebrauch muß stets durch genau abgewogene, dem Temperament und der Empfindlichkeit der Pferde, der Schwere des Wagens und der Bodenbeschaffenheit angepaßte Einwirkungen der Hand ergänzt werden. Je schwerer zu ziehen ist, desto mehr muß dem Pferd durch Nachgeben der Leinen Gelegenheit gegeben werden, sich zu strecken. Je empfindlicher ein Pferd gegen die Peitsche ist, je mehr es, zumal auf ebenem, glattem Boden vorprellt und dem Fahrer die Hand zu nehmen versucht, umsomehr muß durch geschicktes, rechtzeitiges Gegenhalten der Hand die vortreibende Wirkung der Peitsche in den richtigen Grenzen gehalten werden. Zurufe sind als treibende Hilfen nur ausnahmsweise zulässig, da bei Pferden mit verschiedenem Temperament der Zuruf zuerst und meist unnötigerweise durch das fleißige Pferd befolgt wird. Es ist deshalb auch grundsätzlich die oft verbreitete Ansicht abzulehnen, ein paar gut gefahrene Pferde müßten ohne Peitsche gefahren werden können. Ein Fahrer ohne Peitsche ist vollständig der Willkür seiner Pferde ausgesetzt und damit hilflos.

Der Fahrer, wie auch der Reiter, sollen dauernd bestrebt sein, nie zu hart mit der Hand einzuwirken. Beim Ziehen müssen die Pferde die Möglichkeit haben, den Hals lang zu machen, damit sie durch nichts gehindert ihre ganze Kraft ins Geschirr legen und die Last vorwärts bewegen können. Eine ruhige und weiche Leinenführung sowie richtiges und wechselseitiges Annehmen und Nachgeben bringen selbst harte und stumpfe Pferdemäuler wieder zum Kauen und dadurch zur Weichheit und Feinfühligkeit.

Fehler beim Fahren vom Bock aus

Zu den häufigsten Fehlern des Fahrers gehören:

1. Nichtnachsehen der Zäumung, der Leinenschnallung und der Anspannung vor dem Aufsitzen.

2. Nicht öffnen der Bremse beim Anfahren. Nicht anbremsen vor dem Absitzen und vor jedem Durchparieren von einer höheren in eine niedrigere Gangart.

3. Vornüberlegen des Oberkörpers beim Anfahren. Verdrehen des Oberkörpers, so daß eine Schulter zurückgenommen ist. Zurücklegen des Oberkörpers beim Parieren. Gespreizte Beinstellung.

4. Stören der Pferde beim Anziehen durch ungenügendes Nachgeben oder zu frühzeitiges an die Hand stellen.

5. Beabsichtigtes oder unbeabsichtigtes Durchgleitenlassen der Leinen während des Fahrens.

6. Ziehen an der inneren Leine bei Wendungen (bei Linkswendungen gar unter Übergreifen der rechten Hand auf die linke Leine).

7. Zu spätes Parieren zum Schritt und ungenügendes Leinenverkürzen vor der Rechtswendung. Nicht durchparieren bis beinahe zum Halten vor den Kehrtwendungen.

8. Gebrauch der Peitsche, ohne die rechte Hand von der Leine zu nehmen, wodurch die Pferde im Maul oft sehr empfindlich gestört werden. Auch kann der Fahrer nicht mit der Peitsche an der vorgeschriebenen Stelle, direkt hinter dem Kammdeckel oder bei empfindlichen Pferden sogar vor dem Kammdeckel an der Schulter, die Peitschenhilfe geben.

9. Geräuschvoller Peitschengebrauch, Zurückzupfen, Schwirrenlassen des Peitschenschlages, Knallen mit der Peitsche.

10. Bremsengebrauch mit der Peitsche in der rechten Hand. Hierbei wird das rechte Pferd fast immer mit der Peitsche berührt und die rechte Hand ist beim Bremsen behindert.

11. Ins Maul reißen oder Zupfen als treibende Hilfe, da hierdurch die Pferde empfindlich im Maul gestört werden. Das Gegenteil des angestrebten Zwecks wird erreicht.

12. Nicht umsehen vor den Wendungen. Umsehen ist genau so wichtig wie das Verkehrszeichen.

Stilarten

Beim Fahren unterscheidet man vier reine Stilarten, wovon zwei, der englische und der ungarische Stil, die sogenannten klassischen Stile sind.

Der englische Stil

Er ist schwer, vornehm, konservativ. Gut gefahrene, leicht am Zügel stehende und im Gleichgewicht gehende Pferde, möglichst Karossiers, bei denen es von Vorteil ist, wenn sie dressurmäßig geritten sind. Kumtanspannung, Kandaren, englische oder Achenbachleine, Bogenpeitsche. Es kann ein- und mehrspännig gefahren werden.

Der ungarische Stil

Er ist leicht, beschwingt, heiter, schnell. Schnelle, leichte Pferde (sogenannte Jucker) mit Sielen und Trensengebissen oder Postkandaren. Sielen reich verziert, Wiener Leine, Juckerpeitsche (Stockpeitsche). Es wird nur zwei- oder mehrspännig, sehr oft in ungerader Zahl, gefahren.

Der amerikanische Stil

Nüchtern und schnell; meist Traber, leichte Wagen, leichte Geschirre, Fahrgerte, Trensen oder Kandaren, Zaumzeug mit oder ohne Scheuklappen.

Der russische Stil

Schnell und schön. Dreigespann (Troika). Das Mittelpferd (Traber) trabt im Krummholz. Die Beipferde rechts und links galoppieren scharf nach außen gestellt, das linke Rechtsgalopp, das rechte Linksgalopp. Geschirre schön gearbeitet und reich plattiert, ohne Schnallen, es wird alles geknüpft. Keine Scheuklappen. Trensen. Keine Peitsche, sondern schwere, spitze Metallknöpfe auf der Leine, mit denen die Kruppe der Pferde getroffen wird. Kutscher in Nationaltracht.

Die Wagen

Abbildung 30 zeigt: a) Buggy-Gig, b) Spider-Phaeton, c) Park-Coach.

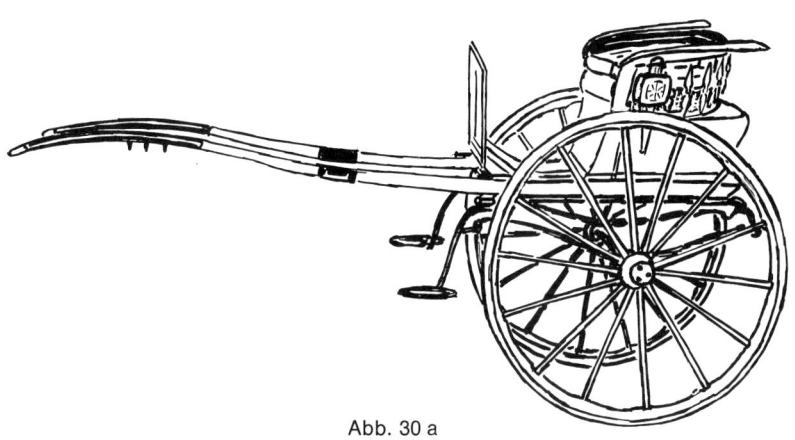

Abb. 30 a

Abb. 30 b

Auf ländlichen Turnieren werden die Gespanne wohl durchweg in der sogenannten Landanspannung, das heißt, vor ländlichen Kutschwagen herausgebracht.
Bei Sielenanspannung sollen Doppelringtrensen verwendet werden, jedoch kann
bei sehr hartmäuligen Pferden mit der Postkandare gefahren werden.
Geschirre und Wagen sind tadellos in Ordnung und peinlichst sauber. Sämtliche
Lederteile sind mit einer guten Ledercreme und mit Bürste und Lappen auf
Hochglanz poliert und auf gar keinen Fall lackiert. Wer mit lackierten Geschirren auf einem Turnier fährt, verrät damit nur seine Bequemlichkeit und
seinen schlechten Geschmack.
Die Wagen sollen gut geölt und gepflegt sein. Dies gilt vor allem auch für den
Scheibenkranz, für den man auch Schmierseife, statt Fett oder Öl verwenden
kann, die sich zusätzlich beim Waschen des Wagens positiv auswirkt. Man
nimmt möglichst leichte Wagen, denn das Fahren auf einem Turnier soll ein
freies, müheloses, graziöses Dahinschweben der Pferde vor dem Wagen und
keine Zugleistungsprüfung sein. Am besten sind leichte Jagdwagen, leichte
Break, Spider-Phaeton usw. Wenn man jedoch vier oder sechs Pferde vor den
Wagen spannt, muß man einen entsprechend größeren und schwereren
Wagen benützen. Es geht nicht an, daß man vier Karossiers vor einen leichten
Pirschwagen spannt.

Abb. 30 c

Viktoria, Landauer, Vis-à-vis und ähnlich gebaute Wagen sollten auf Turnieren
nicht verwendet werden, außer man hätte mit dem Stadtoberhaupt und einer
Schar Ehrenjungfrauen eine Ehrenrunde auf dem Turnierplatz zu fahren. Da-
gegen sind diese Wagen bei Hochzeiten und ähnlichen Anlässen sehr geeig-
net und zu empfehlen.
Über die Anforderungen an das Fahren auf Pferdeleistungsschauen (Turnieren)
gibt die Leistungsprüfungsordnung (L.P.O.) ausführlich Bescheid.

Herausbringen eines Gespanns auf einem Turnier

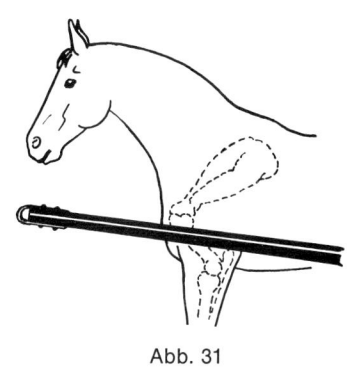

Bei einem Turnier soll das Gespann möglichst vorteilhaft herausgebracht werden. Die Pferde sollen gut geputzt, tadellos frisiert und einwandfrei beschlagen sein.

Die Geschirre sind gut gepflegt, vor allem tadellos verpaßt. Sämtliche Strippen sind in den dafür vorgesehenen Schlaufen weggesteckt. Abgebrochene Strippen müssen vorher repariert werden. Die Innenstränge sollen 5 cm kürzer als die Außenstränge sein, damit das Ortscheit nicht gegen die Sprengwaage schlägt.

Abb. 31

Die Pferde sollen weder zu kurz noch zu lang angespannt sein. Wenn die Pferde in den Strängen stehen, sollen die Aufhalter kaum sichtbar durchhängen. Die Deichselspitze soll, wenn die Pferde an der hingegebenen Leine stehen, vertikal mit den Pferdenasen auf einer Höhe sein. Die Leinen sind so verschnallt, daß beide Pferde gleichmäßig im Zug stehen und die Pferde leicht nach außen oder doch wenigstens geradeaus gestellt sind. Keinesfallls dürfen die Pferdeköpfe zusammengezogen sein. Die Deichsel soll in Höhe des Oberarms der Pferde stehen (Abbildung 31). Es sollte stilrein angespannt werden.

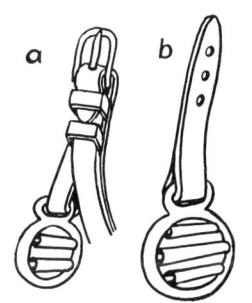

Abb. 32

Bei den Mehrspännern müssen die Vorder- und Mittelleinen durch Laufringe an den Kopfgestellen (Abb. 32) und durch die Viererringe (Abb. 33) auf den Kammdeckeln der Stangen- beziehungsweise Mittelpferde laufen. Die Vorderbracken sind in den Viererhaken der beweglichen Deichselbrille mit einem Riemchen zu sichern (Abb. 34).

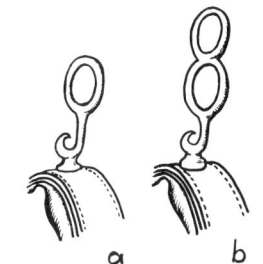

Abb. 33

Abb. 34

Die Vorderpferde sind nicht zu lang anzuspannen, damit der Vierer- beziehungsweise Sechserzug geschlossener wirkt, aber auch nicht zu kurz, damit die Pferde nicht an das Vorgehänge kommen und anfangen zu schlagen.

Der Fahrer ist der Vorschrift entsprechend angezogen. Bockdecke und naturfarbene Lederhandschuhe sind Pflicht.

Der Wagen ist gut gepflegt und geölt, mit guten Polstern und einem Bock ausgestattet. Zu jedem Wagen gehören 2 Lampen mit Kerzen, 2 Rückstrahler, dazu die Reserveausrüstung aus folgenden Teilen: 1 Vorderstrang, 1 Hinterstrang, 1 Vorderleine, 1 Hinterleine, 1 Hauptortscheit, 1 Vorderortscheit. Beim Zweispänner nur für diesen zugehörende Teile. Zu empfehlen ist die Mitnahme von 1 oder 2 Stricken und eines starken Bindfadens (Schnur).

Fahrgebisse

Das beste Gebiß für den täglichen Gebrauch beim Fahren ist die Doppelringtrense (Abb. 25), falls man keine zu hohen Anforderungen von Versammlung und Aufrichtung an die Pferde stellt. Man kann auf dieser Doppelringtrense sowohl weich als auch scharf schnallen. Schnallt man die Leinen beiderseit in beide Ringe ist weich geschnallt, wird jedoch nur in die äußeren Ringe geschnallt, ist scharf geschnallt. Für die

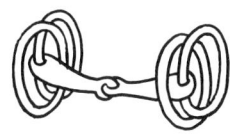

Abb. 35

tägliche Arbeit (Training) kann man auch zur Kumtanspannung vorübergehend die Doppelringtrense verwenden. Die Trensenmundstücke sollen möglichst dick sein, denn je dicker ein Mundstück ist, desto weicher wirkt es und desto mehr kauen die Pferde darauf. Die LPO schreibt vor, daß ein Mundstück an den beiden Enden bei Trensen und Kandaren 16 mm dick sein muß.

Die Aufsatztrense wird zum Aufsatzzügel verwandt und gehört nur in die Hand des Könners. Auf Turnieren ist der Aufsatzzügel, da er ein ausgesprochener Hilfszügel ist, verboten.

Die gebräuchlichsten Fahrkandaren (Abb. 36) sind:

a) Achenbach'sche Ellbogenkandare,   c) Buxtonkandare,
b) Liverpoolkandare (Pelham),   d) alte Postkandare.

Alle Kandaren können sowohl als sogenannte starre Gebisse wie auch als Pumpgebisse verwendet werden. Bei den starren Gebissen ist das Mundstück starr mit den Seitenteilen verbunden, während bei den Pumpgebissen das Mundstück gegenüber den Seitenteilen beweglich ist. Jedes Kandarenmundstück soll eine kleine Zungenfreiheit besitzen, da bei Kandaren ohne Zungenfreiheit vor allem junge Pferde die Zunge gern über das Gebiss nehmen.

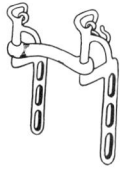  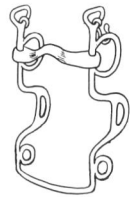 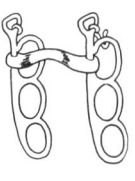

Abb. 36 a   Abb. 36 b   Abb. 36 c   Abb. 36 d

Durch die Schaumringe und die an den Anzügen angebrachten Schlitze kann die Kandare weich, halbscharf und scharf geschnallt werden. Für Pferde, welche noch nicht kandarenreif sind und aus Gründen der Stilanspannung nicht auf Trense gefahren werden können und für sehr weichmäulige Pferde, die das Kandarenmundstück nicht gerne annehmen, verwendet man das Fahrpelham (Abb. 36 b). Es ist eine Kandare mit gebrochenem Mundstück und hat daher, wenn es im Schaumring geschnallt ist, die Wirkung einer Trense.

Die Kinnkette wird beim Aufzäumen solange nach rechts gedreht, bis sie glatt liegt und dann so in die Kinnkettenhaken eingehängt, daß bei anstehender Kandare ein Winkel von etwa 45 Grad zwischen Maulspalte und Anzüge entsteht und die leeren Kettenglieder rechts und links gleichmäßig außen herunterhängen. Ist die Kinnkette zu kurz eingehängt, strotzt die Kandare, ist sie zu lang eingehängt, fällt sie durch.

Gummigebisse verwendet man bei Pferden mit krankem Maul, z. B. bei Ladendruck, Zahnfistel usw.

Die vor allem in Süddeutschland gebräuchlichen dünnen, scharfen Fahrzäume (sogenannte Stangenzäume) sind Marterinstrumente und sollten verboten sein.

Longieren mit der Doppellonge

Um die Pferde für ihren Gebrauch als Gespannpferde vorzubereiten, wird am vorteilhaftesten die Doppellonge (Abb. 38) benützt. Vorteilhaft ist eine vorhergehende Gewöhnung des Pferdes an die einfache Longe. Die dafür verwendete Zeit macht sich doppelt bezahlt.

Durch die Doppellonge wird folgendes erreicht: Gewöhnung an das Gebiß, an das Geschirr, an den Schweifriemen, an die Stränge und das Pferd lernt, sich dem menschlichen Willen unterzuordnen. Für die Ausrüstung zum Longieren benötigt man eine Reittrense mit einer Wassertrense als Gebiß (keine andere Zäumung!), ein Kumt- oder Sielengeschirr ohne Stränge, jedoch mit Schweifriemen, eine mindestens 16 m lange Longe, an beiden Enden mit einer Einschnallstrippe, eine Peitsche, mit der man jederzeit das Pferd erreichen kann, zwei Ringe von etwa 10 cm Durchmesser. An den Vorderbeinen werden Bandagen und an den Hinterbeinen Streichkappen angelegt. Das Pferd sollte unbeschlagen sein, damit es sich nicht durch Gegenschlagen mit dem eisenbeschlagenen Huf gegen das andere Bein verletzt.

In der ersten Zeit muß man beim Aufschirren sehr vorsichtig sein, damit das Pferd nicht kopfscheu wird. Kumtspitze zeigt beim Aufschirren nach unten (Abb. 10 a). Auch beim Anlegen des Schweifriemens ist Vorsicht geboten und niemals rohe Gewalt anzuwenden. Es empfiehlt sich, sich nicht direkt hinter das Pferd, sondern seitwärts zu stellen. Die Oberblattstrippen werden lange geschnallt, damit die Strangstutzenschnalle möglichst tief zu liegen kommt. Die beiden Ringe kommen auf den kleien Bauchgurt und werden mit Riemchen an den beiden Strangstutzenschnallen befestigt. Der kleine Bauchgurt wird mäßig fest angezogen. Das Pferd wird vollständig im Stall fertiggemacht.

Als Übungsgelände eignet sich am besten die Reitbahn, eine Wiese oder ein Acker mit weichem, elastischem, jedoch nicht zu tiefem Boden. Keinesfalls darf man weder auf einem gepflasterten oder gewalzten Hof, noch auf hartem, ge-

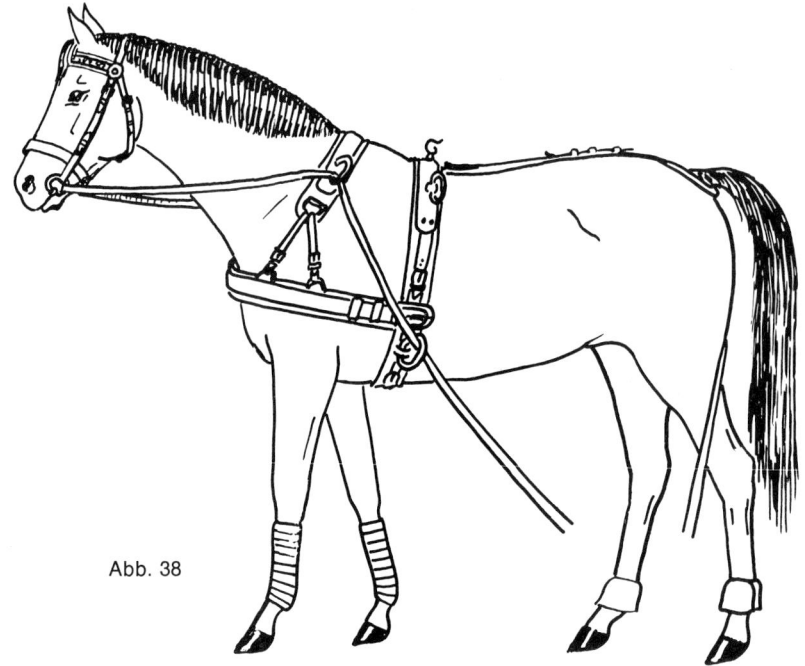

Abb. 38

frorenem Boden longieren. Falls im Winter 10 bis 15 cm Schnee liegen, kann man auf solchem ebenem Gelände longieren.

In den ersten Tagen ist es notwendig, das Pferd von einem zweiten Mann führen zu lassen, der mit ihm spricht und es beruhigt. Man beginnt das Longieren auf der linken Hand. Der Ausbilder hat die innere Longe (hier also die linke) in der linken, die äußere Longe und die Peitsche in der rechten Hand (auf der rechten Hand umgekehrt) und beschreibt einen kleinen Kreis, indem er sich dauernd bemüht, weich mit der Hand zu sein und sich nicht festzuziehen. Wenn ein Pferd keilt — und das wird in den ersten Tagen fast immer der Fall sein bei Berührung mit der äußeren Longe — ruhig keilen lassen! Es hört von selbst auf, wenn es genug hat. Keinesfalls strafen, weder mit der Peitsche noch mit der Longe (Insterburger)! Nach dem Keilen sind die Pferde meist wunderbar gelöst und gehen schön ruhig. Man muß versuchen, das Pferd immer nach innen zu stellen. Falls ein Pferd nach innen drängt, durch schlängelnde Bewegungen mit der inneren Longe nach außen weisen und nicht nur an der äußeren Longe ziehen, da sonst die Stellung verlorengeht. Die Peitschenspitze zeigt dabei nach dem Kopf des Pferdes. Der Ausbilder (Longierende) geht rasch einige Schritte in Richtung des Kopfes auf das Pferd zu. In hartnäckigen Fällen gibt der Ausbilder einen scharfen Schlag mit der Peitsche gegen die innere Schulter, der genau treffen muß. Niemals den Kopf treffen! Genau wie bei der einfachen Longe wird das Pferd auch an der Doppellonge in allen drei Gangarten gearbeitet und später Bodenrickarbeit eingelegt.

Wenn das Pferd nach einiger Zeit ruhig und losgelassen geht, sich weder durch die äußere Leine noch durch den Schweifriemen oder sonst etwas stören läßt, nimmt man eine Leine zwischen die beiden Hinterbeine und streicht vorsichtig an den Innenseiten der Beine auf und ab. Dabei hält ein Mann das Pferd am Kopf, spricht mit ihm und beruhigt es. Falls ein Pferd Neigung zeigt, sich auf die Leine zu setzen, soll diese nicht angezogen, sondern sofort losgelassen werden. Das Pferd ist zu beruhigen und dann wird vorsichtig aufs Neue begonnen. Man setzt die Bemühungen solange fort, bis das Pferd mit der Leine zwischen den Beinen, losgelassen auf beiden Händen, auf dem Zirkel geht. Wenn das Pferd soweit ist, schnalllt man stark verlängerte Stränge ein und läßt einen Mann daran gegenhalten, damit das Pferd mit dem Ziehen vertraut wird. Bei empfindlichen Pferden Vorsicht! Je höher ein Pferd im Blut steht, desto vorsichtiger muß vorgegangen werden, um es nicht zu verderben! Später hängt man dann einen Holzklotz oder Balken an, dem zuletzt die Schleppe folgt. Nichts übereilen! Wenn man die Schleppe anhängt, muß man täglich die Brust des Pferdes mit kaltem Wasser, dem ein Schuß Spiritus oder Franzbranntwein beigemischt ist, abwaschen.

Diese Vorbereitung durch die Doppellonge, vorausgesetzt, daß sie vorschriftsmäßig durchgeführt wird, bietet eine volle Gewähr dafür, daß das junge Pferd zugfreudig, zugsicher und strangfromm wird. Die dafür angewandte Zeit und Mühe macht sich vielfach bezahlt.

Einfahren junger Pferde

Nachdem das junge Pferd, wie beschrieben, an der Doppellonge vorbereitet wurde, wird es neben einem alten, vertrauten Pferd, sogenanntem Schulmeister, an den Wagen gespannt. Zuerst immer rechts (Handpferd), später dann auch links (Sattelpferd).

Der Wagen muß mit einer guten Bremse, guter Deichsel und guten Aufhaltern versehen sein. Falls keine Sprengwaage vorhanden ist, muß die Spielwaage durch Festmachen auf beiden Seiten zur Sprengwaage gemacht werden. Ein junges Pferd darf nie mit Spielwaage eingefahren werden, da es durch das alte Pferd beim Anziehen immer wieder zurückgerissen wird und sich so leicht das „Geigen" angewöhnt. Der Wagen muß gut angebremst und so aufgestellt sein, daß man nach jeder Richtung anfahren kann. Wenn das junge Pferd die ersten paar Male vor dem Anspannen eine halbe Stunde longiert wurde, damit der Stallmut weggeht, wird man kaum Schwierigkeiten bekommen. Zuerst wird das alte, danach das junge Pferd angespannt. Hierbei ist immer ein Mann am Kopf des Pferdes. Er spricht mit dem Pferd zu dessen Beruhigung und bietet ihm einen Leckerbissen, am besten Möhre, an. Es muß s c h n e l l, aber g a n z   r u h i g angespannt werden. Jede Aufregung des Menschen überträgt sich auf das Pferd. Wenn das junge Pferd mit einem Beizügel an das alte angebunden wird, darf dieser Beizügel niemals in das Gebiß des jungen Pferdes eingeschnallt werden, sondern muß in einem extra aufgelegten Halfter, oder Kappzaum, eingeschnallt werden. Ein Mann hat während des Einspannens stets die Leinen in der Hand und gibt sie bis zum Augenblick des Abspannens nicht aus der Hand.

Keinesfalls darf beim Einfahren ein sogenannter Laufzügel verwendet werden, da durch diesen schwere Maulschäden, nicht selten sogar Wirbelsäule- und Gelenkschäden verursacht werden.

Zuerst führt man das junge Pferd mit einem Führzügel, den man extra im Gebiß eingeschnallt hat (keinesfalls an der Kreuzleine, da man damit dem Fahrer jede Möglichkeit nimmt, mit dieser auf das Pferd einzuwirken), bis es ruhig und losgelassen geht. Man trabt möglichst bald an, da sich die Pferde in einem ruhigen Arbeitstrab am besten beruhigen und loslassen. Der Fahrer muß bemüht sein, das Pferd nicht ins Maul zu reißen und immer wieder durch nachgebende und annehmende Leinenhilfen das Maul weich und tätig zu erhalten. Als Gebiß eignet sich am besten eine einfache Wassertrense, später kann dann die Doppelringtrense verwendet werden.

Am besten benützt man in der ersten Zeit Wege und Straßen mit wenig oder gar keinem Verkehr, soweit das überhaupt heute noch möglich ist. Später jedoch wird das junge Pferd auch an den Verkehr gewöhnt, denn ein Pferd, das in der heutigen Zeit nicht verkehrssicher ist, ist unbrauchbar. Falls das Pferd ängstlich sein sollte, sitzt der Beifahrer ab und führt das Pferd am Kopf an dem furchterregenden Gegenstand vorbei, indem er dabei mit ihm spricht und es beruhigt. Die Stimme ist auch hier das beste Beruhigungsmittel. Nicht schlagen, sonst wird die Angst immer größer. Keinesfalls darf das junge Pferd in der ersten Zeit überanstrengt werden, jedoch muß der Fahrer aufpassen, daß das junge Pferd neben dem Schulmeister auch zum Ziehen kommt. Es ist ein Unding, dem jungen Pferd gleich von Anfang an schwer aufzuladen mit dem Bemerken, das junge Pferd müsse sofort an den schweren Zug gewöhnt werden. Durch dieses Vorgehen bekommt das Pferd starke Schmerzen auf Schultern und Brust, die in jedem Fall dazu führen, daß es am anderen Tag Angst vor dem Anziehen hat und damit der erste Grund zum ,,Geigen'' gelegt ist. Als Geigen bezeichnet man das abwechslungsweise Vor- und Zurückspringen der Pferde beim Anziehen.

Das Abspannen geht genau so schnell und ruhig vor sich wie das Anspannen, nur in umgekehrter Reihenfolge. Man spannt möglichst in Richtung vom Stall ab, da die Pferde dabei lieber stehenbleiben. Der Wagen ist dabei gut angebremst und der Fahrer hat die Leinen in der Hand.

Nach dem Abschirren ist das Pferd auf Geschirrdruck und Streichwunden nachzusehen. Schultern und Brust sind mit kaltem Wasser (dem ein Schuß Franzbranntwein oder Spiritus beigemengt ist) abzuwaschen, dies mindestens acht bis zehn Tage lang. Bei Streichwunden ist der Beschlag auf vorstehende Nieten oder zu weit nach außen gerichtete Innenschenkel des Eisens nachzusehen, und beim nächsten Fahren sind Streichkappen anzulegen. Die Streichwunde muß sofort behandelt werden, damit der Fesselkopf nicht dick wird. Falls das Streichen nicht aufhört, muß man umbeschlagen lassen. Schon manches Pferd hat durch eine unscheinbare Streichwunde eine starke Wertminderung erfahren.

Das beste Alter zum Einspannen ist für einen gut entwickelten Warmblüter drei Jahre, für den Kaltblüter zweieinhalb Jahre. Früheres Einspannen, gleichgültig aus welchem Grunde es auch geschehen mag, geht auf Kosten des Pferdes, da es in jedem Fall entweder Karpfenrücken oder Beinschäden (Gallen und ähnliches), zumindest jedoch Entwicklungsstörungen verursacht. Selbstverständlich darf das junge Pferd, wenn es eingefahren ist, nicht sofort im schweren Zug benützt werden, da sonst die oben angeführten Mängel ebenfalls auftreten können.

Fahren im Straßenverkehr

Jeder Fahrer, der mit seinem Gespann in den Verkehr kommt, muß sich der Straßenverkehrsordnung unterordnen. Er muß grundsätzlich die rechte Straßenseite einnehmen, rechts ausweichen und links überholen, die Verkehrszeichen der anderen Verkehrsteilnehmer beachten und selbst welche geben. Dabei bedeuten beim Gespannfahrer das seitliche Ausstrecken des rechten Armes nach rechts, daß er seine Fahrtrichtung nach rechts verändern will, das Hochhalten der Peitsche mit der rechten Hand waagrecht über dem Kopf mit der Peitschenspitze nach links, die Fahrtrichtung wird nach links geändert und das Hochhalten der freien rechten Hand, der Fahrer beabsichtigt in eine niedrigere Gangart oder zum Halten durchzuparieren. Die Erfahrung hat jedoch gelehrt, daß wir mit dem Peitschenzeichen über dem Kopf nach links in der heutigen Zeit nicht mehr auskommen und beim Linksabbiegen, Leine und Peitsche in die rechte Hand nehmen müssen und mit dem freien, linken Arm unter gleichzeitigem Heben und Senken desselben, das Zeichen nach links geben. Bei jedem dieser Verkehrszeichen ist es aber wichtig, sich gleichzeitig umzusehen, ob der Verkehr erlaubt, seine Fahrtrichtung zu ändern.

In einer Kreuzung, auf der linken Straßenseite, mit Ausnahme einer Einbahnstraße, vor Einfahrten, an Straßenbahn- und Omnibushaltestellen, auf Brücken, an einer unübersichtlichen Stelle, in einer Kurve, darf man nicht halten. Dasselbe gilt für solche Stellen, die mit der Halteverbotstafel gekennzeichnet sind. Ebenfalls muß man beim Parken die Parkverbotstafeln beachten. Wenn man parkt, muß die Leine an der Mitte des Wagens, ja nicht seitlich, festgemacht werden. Die Pferde müssen mit dem Innenstrang abgesträngt werden und der Wagen muß gut angebremst sein.

Grundsätzlich hat der von rechts kommende Vorfahrt, mit Ausnahme der Benützer von übergeordneten Straßen, die alle, ob von rechts oder links kommend, Vorfahrt haben. Der Übergang in eine solche übergeordnete Straße ist durch ein Verkehrsschild, ein auf der Spitze stehendes, weißes, rot umrandetes Dreieck, gekennzeichnet. Anhalten muß man an jeder Stopstelle, an Straßenbahn- und Omnibushaltestellen, wenn gerade Passagiere ein- oder aussteigen. Ferner wenn Gefahr besteht, Menschen oder Tiere zu überfahren und wenn es einem schneller fahrenden Fahrzeug anders nicht möglich ist, zu überholen.

Der Wagen muß in verkehrssicherem Zustand sein, gute Bremse, gute Deichsel und gute Aufhalter haben. An der Rückseite des Wagens müssen zwei Rückstrahler angebracht sein. Nachts muß das Fahrzeug so beleuchtet sein, daß der Lichtschein nach vorn und hinten dringt und die linke seitliche Begrenzung des Wagens festgelegt wird. Die Ladung muß sich in verkehrssicherem Zustand befinden. Der Fahrer ist in jedem Fall für die Ladung verantwortlich. Bei Überschreitung der rückwärtigen Begrenzung des Wagens am Tag ist am Ende der Ladung ein rotes Tuch 30×30 cm, bei Nacht ein rotes Licht anzubringen.

Die Pferde sollen verkehrssicher, das heißt, scheufrei sein. Das ängstliche Pferd spannt man immer rechts, auch wenn es kleiner ist. Im allgemeinen wird das kleinere Pferd immer links gespannt, da unsere Straßen leicht gewölbt sind und damit das rechte Pferd etwas tiefer steht. Im Straßenverkehr muß laut

Gesetz mit Kreuzleine gefahren werden. Der Beschlag soll mit einem guten Gleitschutz versehen sein, damit die Pferde auf den glatten Straßen nicht ausrutschen und fallen und damit den Verkehr behindern.

Auch verbrauchen sich die Pferde durch das viele Rutschen viel schneller auf den Beinen, als wenn sie einen guten Halt haben. Der glatte Beschlag ist bei den heutigen Straßenverhältnissen mit gutem Gewissen abzulehnen.

Anspannen und Fahren im schweren Zug

Die Voraussetzung für die Verwendung von Pferden im schweren Zug sind gut passende Geschirre, möglichst Kumte, da dieselben auf einer möglichst großen Fläche der Pferdeschulter aufliegen und das Pferd im Ziehen nicht behindern. Die Geschirre, am besten Spitzkumtgeschirre mit Unterkumten, gewährleisten durch ihr Gewicht und ihre gute Verarbeitung eine gute Lage auf der Schulter. Die Zugrichtung, das ist die Linie von der Zugkrampe bis zum Ortscheit, darf nicht gebrochen sein und soll eine Neigung von etwa 10 bis 12 Grad nach hinten haben. Bei waagrechter Zugrichtung würde das Kumt nach oben rutschen.

Die Zugkrampen müssen an der richtigen Stelle am Kumt angebracht sein, etwa zwischen dem zweiten und dritten Drittel der lichten Höhe des Kumtes von oben nach unten. Sind sie zu hoch angesetzt, zieht das Pferd sehr schwer, sind sie jedoch zu tief angesetzt, kippt die Kumtspitze nach vorn.

Die Deichsel darf weder zu hoch noch zu tief sein. Sie soll in Höhe des Oberarmes des Pferdes stehen, damit eventuelle Deichselschläge, die bei schlechten Wegen sehr stark sein können, vom Kumtholz aufgefangen werden und nicht das Pferd treffen. Die Deichsellänge soll so gehalten sein, daß die Deichselspitze etwas über die Pferdeköpfe hinausragt, wenn die Pferde im Zug sind. Im schweren Zug ist der Spielwaage der Vorzug zu geben, da durch das Deichselschlagen auf schlechten Wegen die Pferde bei der Sprengwaage dauernd Stöße auf die Brust bekommen würden und dadurch die Zugfreudigkeit sehr darunter leiden würde. Wenn die Pferde allerdings aus irgend einem Grunde anfangen zu „Geigen", muß die Spielwaage sofort durch Festmachen am Achsstock zur Sprengwaage gemacht werden. Beim Fahren mit Spielwaage muß der Fahrer berücksichtigen, daß er die Wendung entsprechend früher einleiten muß.

Als Zäumung benützt man am besten ein bequemes Kopfstück (Fahrhalfter) mit dicken, runden, Trensen, die gut im Maul liegen.

Der Wagen ist in tadelloser Ordnung zu halten. Räder und Lenkung sind gut zu schmieren. Bei Wagen mit ungeschmierter Lenkung ist das Fahren für die Pferde eine Qual. Man verwendet möglichst Wagen mit Luftbereifung, da mit diesen auf schlechten Wegen und im Acker bis zu 60 Prozent Kraftersparnisse erzielt werden können.

Wenn der Wagen auf weichem Boden eingesunken ist, muß der Zug möglichst tief angesetzt werden, damit mehr Kraft zur Hebung der Last eingesetzt wird. Beim „Geigen" sofort Spielwaage zur Sprengwaage machen. Das so beliebte Kreuzen der Innenstränge hat gar keinen Zweck, sondern verdirbt höchstens die Pferde. Beim Anfahren nicht ganz gerade aus, sondern etwas nach rechts oder links anfahren. Pferde nur dann am Kopf führen, wenn sie dies gewöhnt sind, sie jedoch dabei nicht ansehen. In den Wendungen darf das Tempo unter keinen Umständen langsamer werden und bei weichem Boden darf die Wendung nicht zu eng gefahren werden, da sonst die Gefahr besteht, daß sich das innere Vorderrad einwühlt und absinkt. Wenn der Wagen eingesunken ist, sollte vor den Rädern Platz geschaffen, eventuell starke Bretter oder ähnliches unterlegt werden. Im Ernstfall muß man abladen, bevor man die Pferde schindet. Man soll nichts Unmögliches verlangen, denn auch die Pferdekraft hat einen Endpunkt. Wenn ein Motor überlastet ist, streikt er und niemand gelingt es, seine Leistungsfähigkeit zu steigern. Bei den Pferden glaubt man oft, daß durch rohe Schläge dieses zu erreichen ist. Zugleistung beruht auf Zugfreudigkeit und Zugsicherheit. Voraussetzung für diese beiden Faktoren sind gute Behandlung, gut passende Geschirre und gute weiche Zäumung, dazu geeignetes Futter. Ohne geeignetes Futter keine Leistung. Auch der Motor braucht Kraftstoff, sonst bleibt er stehen.

Oberstes Gebot für den Fahrer beim schweren Zug ist vermehrte Aufmerksamkeit. Der Fahrer muß alles beobachten, solange angespannt ist: die Pferde, den Zug, den Weg, die Ladung, die Verkehrssituation und vieles mehr.

Junge Pferde soll man nicht im schweren Zug benützen, sonst entstehen Gebäudeschäden und die Pferde sind schon nach wenigen Jahren verbraucht.

Pferde mit offener Brust läßt man stehen und behandelt sie, wenn notwendig, durch den Tierarzt, da sonst die Zugfreudigkeit und die Zugsicherheit leidet. Im übrigen ist es eine Tierquälerei, wenn ein Pferd mit offener Brust noch zur Arbeit herangezogen wird und gehört bestraft.

Fahren mit 4 Pferden vom Bock

Allgemeines

Beim Vierspännigfahren vom Bock aus muß der Fahrer bestrebt sein, seine Pferde dauernd auf Vordermann zu fahren, das heißt, die Stangenpferde müssen immer genau in der Spur der Vorderpferde gehen. Dies wird vorwiegend durch das Verkürzen oder Verlängern der linken Vorderleine, oder der rechten Stangenleine, Filieren genannt, erreicht. Er muß ferner darauf sehen, daß alle vier Pferde gleichmäßig ziehen, sofern während des Fahrens gewisse Situationen nichts anderes erfordern. Die Vorderpferde sollen wie aus der Pistole geschossen vorwärts gehen, damit sie nicht mit der Hinterhand an das Vorgehänge (Vorderwaage) kommen und schlagen. Ziehen sie jedoch, wo nichts zu ziehen ist, so besteht die Gefahr, daß die Stangenpferde, die dabei beinahe in den Boden hineingezogen werden, hinfallen. Auf ebener Straße, auf der der Wagen nachrollt, sollen die Vorderpferde nur soviel ziehen, daß sie die Vorderbracke gerade noch tragen.

Muß ein sehr faules und triebiges Pferd in den Viererzug hereingenommen werden, was nur ausnahmsweise geschehen soll, so spannt man dieses hinten rechts an die Stange, weil man es hier am besten treiben kann.

Während des Fahrens ist die Viererpeitsche aufgeworfen, sofern sie nicht gerade zu den Vorderpferden gebraucht wird. Ein Vierspännigfahrer muß mit der langen Peitsche umgehen und sie beherrschen können. Dies gehört genau so zum Fahren wie die Leinenführung.

Das Vorgehänge ist durch eine Vorrichtung, am besten Riemchen, zu sichern, damit es während des Fahrens nicht herunterfallen und damit ein Unglück herbeiführen kann (Abb. 34). Auf Turnieren kann man oft unglückliche Fälle beobachten, die sich durch entsprechende Sorgfalt vermeiden ließen. Ein Fahrer, der nicht zweispännig gelernt hat mit der linken Hand die Leinen festzuhalten und nichts durchrutschen zu lassen, wird nie soweit kommen, einen Viererzug anständig zu fahren. Auch darf er die Pferde nie durch zu starkes Festhalten auf die Hand kommen lassen, da er sonst die Herrschaft über den Viererzug verliert, sondern muß versuchen, durch fleißiges Annehmen und Nachgeben die Pferdemäuler tätig und damit weich und durchlässig zu erhalten. Nur so wird er Freude an seinem Viererzug haben.

Leinenführung

Beim Vierspännigfahren vom Bock aus unterscheidet man zwei Arten von Haltungen:

1. Die Grundhaltung (Abb. 39),   2. die Gebrauchshaltung (Abb. 40).

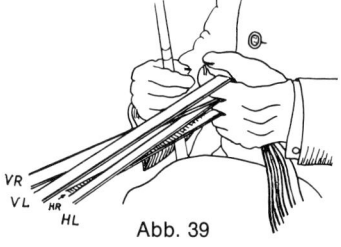

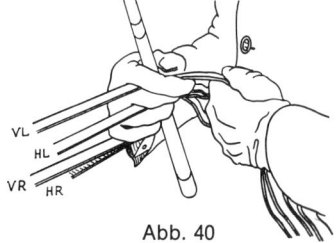

Abb. 39   Abb. 40

Die Grundhaltung:

Bei der Grundhaltung liegen die vier Leinen folgendermaßen in der linken Hand: Die linke Vorderleine liegt über dem linken Zeigefinger. Die rechte Vorderleine liegt zwischen Zeigefinger und Mittelfinger. Die linke Stangenleine liegt direkt unter der rechten Vorderleine, so daß zwischen Zeige- und Mittelfinger zwei Leinen liegen. Die rechte Stangenleine liegt zwischen Mittelfinger und Ringfinger; sämtliche vier Leinen sind nach unten durch die volle Hand hindurchgezogen. Die unteren drei Finger umschließen fest alle vier Leinen. Daumen und Zeigefinger sind leicht geöffnet zur Aufnahme der Peitsche und der Schleifen.

Die Gebrauchshaltung:

Zum Übergang in die Gebrauchshaltung geht die rechte Hand auf beide rechte Leinen und umfaßt dieselben mit kleinem und Ringfinger wie eine. Der Mittelfinger schiebt sich zwischen beide linke Leinen und umfaßt die linke Stangenleine. Daumen und Zeigefinger gehen über die linke Vorderleine und der Zeigefinger umfaßt die linke Vorderleine. Die rechte Hand geht jetzt auf den Leinen so weit zurück, daß sie unmittelbar vor der Linken steht. In dieser Haltung wird beim Vier- und Mehrspännigfahren immer gefahren, um die linke Hand zu entlasten und dieselbe zum Fahren der Wendungen frisch zu erhalten.

Verkürzen und Verlängern der Leinen

Verkürzen aller vier Leinen auf drei Arten (siehe Zweispännigfahren):

1. Zentimeterweises Verkürzen.
2. Verkürzen um ein größeres Stück.
3. Vorübergehendes Verkürzen oder die scharfe Parade.

Die vierte Art des Verkürzens beim Zweispännigfahren, das Verkürzen um ein bestimmtes Maß, entfällt beim Vierspännigfahren, da die linke Hand **nie** aus den Leinen genommen werden darf.

Verlängern aller vier Leinen auf zwei Arten (siehe Zweispännigfahren):

1. Zentimeterweises Verlängern.
2. Verlängern um ein größeres Stück.

Verkürzen oder Verlängern der Vorderleinen:

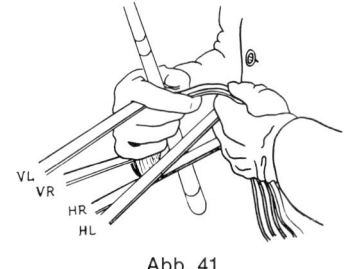

Abb. 41

Die rechte Vorderleine wird auf den linken Zeigefinger genommen, so daß beide Vorderleinen auf dem linken Zeigefinger liegen (Abb. 41). Die rechte Hand greift von oben her in die Vorderleinen und schiebt sie um das zu verkürzende Stück in die linke Hand hinein oder zieht sie um das zu verlängernde Stück in Richtung der Pferdemäuler zu heraus. Danach nimmt man die rechte Vorderleine wieder zwischen Zeige- und Mittelfinger.

Verkürzen der Stangenleinen:
Zuerst alle vier Leinen verkürzen. Danach die Vorderleinen auf das richtige Maß verlängern.

Verlängern der Stangenleinen:
Zuerst Vorderleinen verkürzen, dann alle vier Leinen verlängern.

Verlängern und Verkürzen einzelner Leinen (Filieren):
Beim Vierspännigfahren können nur linke Vorderleine und rechte Stangenleine einzeln verlängert und verkürzt werden. Dieses Verlängern und Verkürzen braucht man, um die beiden Pferdepaare aufeinander einzurichten (auf Vordermann bringen).

Beispiel: Die Vorderpferde gehen zu weit links, linke Vorderleine verlängern. Die Vorderpferde gehen zu weit rechts, linke Vorderleine verkürzen. Die Stangenpferde gehen zu weit links, rechte Stangenleine verkürzen. Die Stangenpferde gehen zu weit rechts, rechte Stangenleine verlängern. Über das Verlängern und Verkürzen einzelner Leinen beim Vierspänner siehe „Verlängern und Verkürzen einzelner Leinen beim Zweispänner".

Wendungen

Durch das Schleifenlegen bei den Wendungen werden die Vorderpferde automatisch aus dem Zug genommen. Dadurch ist es den Stangenpferden möglich, den gleichen Weg einzuhalten, den die Vorderpferde gegangen sind, wenn sie der Fahrer dazu veranlaßt. Andernfalls würden die Vorderpferde durch den Zug an der Deichsel die Stangenpferde zu früh in die Wendung drücken. Eine korrekte Wendung zu fahren wäre dadurch unmöglich. Über das Tempo bei den Wendungen gilt das beim Zweigspännigfahren gesagte. (Abb. 42 zeigt den Beginn des Schleifenlegens zu einer Rechtswendung).

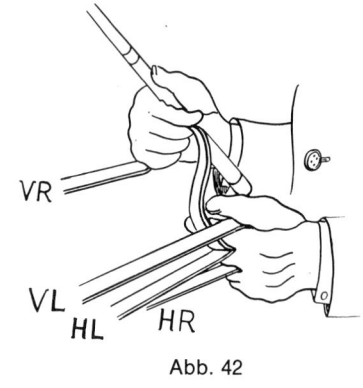

Abb. 42

Linkswendung:

15 m vor der Wendung gibt der Fahrer das Verkehrszeichen nach links bzw. gibt seinem Beifahrer die Anweisung, dasselbe zu geben, da er die linke Hand nicht aus den Leinen nehmen darf und sieht sich dabei um. Nun geht die rechte Hand auf die rechte Stangenleine und legt dieselbe zum Widerstand für die Stangenpferde in der Wendung auf den linken Zeigefinger, der sich dabei ausstreckt und der rechten Stangenleine entgegengeht. Jetzt greift die rechte Hand auf der linken Vorderleine etwa 15 cm weit vor, hält diese Stelle zwischen Zeige- und Mittelfinger fest und nimmt Druckpunkt, das heißt, den Vorderpferden wird durch eine halbe Parade mit der linken Vorderleine angedeutet, daß die Fahrtrichtung geändert wird. Sind die Vorderpferde mit dem Kammdeckel in Höhe der Mitte der neuen Straße angekommen, legt der Fahrer mit der linken Vorderleine eine Schleife unter den linken Daumen. Ist die Wendung dreiviertel durchfahren, läßt man die Schleife langsam durchgleiten, entläßt den Widerstand auf dem linken Zeigefinger, geht wieder in Gebrauchshaltung und kann geradeaus weiterfahren.

Rechtswendung:

15 m vor der Wendung gibt der Fahrer das Verkehrszeichen zum Durchparieren, falls er im Trabe ist und sieht sich dabei um, verkürzt alle vier Leinen, zieht die Bremse an und pariert weich zum Schritt durch. Danach öffnet er die Bremse wieder, gibt das Verkehrszeichen nach rechts und sieht sich dabei um. Nun greift die rechte Hand auf der rechten Vorderleine etwa 15 cm weit vor, hält dort fest und nimmt Druckpunkt. Sind die Vorderpferde mit dem Kammdeckel in Höhe der neuen Bordschwelle angekommen, legt der Fahrer mit der rechten Vorderleine eine Schleife unter den linken Zeigefinger. Gleichzeitig geht die linke Faust scharf zur rechten Hüfte, zum Widerstand für die Stangenpferde und im Bedarfsfalle während der Wendung zur linken Hüfte. Ist die Wendung drei Viertel durchfahren, läßt man die Schleife schnell durchgleiten, die linke Faust geht wieder vor Leibesmitte, die rechte Hand in Gebrauchshaltung, verlängert alle vier Leinen um das vorher verkürzte Stück und kann weiterfahren. Merke: Bei Linkswendungen Schleife spät und langsam loslassen, bei Rechts-

wendungen schnell loslassen, ohne jedoch dabei die Verbindung mit dem Pferdemaul zu verlieren.

Linksumkehrtwendung:

15 m vor der Wendung gibt der Fahrer das Verkehrszeichen zum Durchparieren, falls er im Trabe ist und sieht sich dabei um. Danach zieht er die Bremse an und pariert mit einer halben Parade weich zum Schritt durch. Nun öffnet er die Bremse wieder, läßt seinen Beifahrer das Verkehrszeichen nach links geben und sieht sich dabei um, ob die Straße zum Kehrtmachen frei ist. Jetzt fährt der Fahrer scharf rechts heran und pariert beinahe durch bis zum Halten. Dann legt er die rechte Stangenleine zum Widerstand auf den linken Zeigefinger. Die rechte Hand gleitet nun auf der linken Vorderleine etwa 15 cm weit vor, hält fest, nimmt Druckpunkt und legt eine Schleife unter den linken Daumen, geht gleich nochmals etwa 15 cm auf der linken Vorderleine vor und legt sofort noch eine zweite Schleife unter den linken Daumen und geht bei Bedarf mit der rechten Hand auf beide rechte Leinen, um ein zu schnelles Herumtreten der Pferde zu verhindern. Nach dreiviertel durchfahrener Wendung läßt er die Schleife durchgleiten, entläßt den Widerstand, geht in Gebrauchshaltung und kann weiterfahren. Den Widerstand braucht man nur bei solchen Stangenpferden, die sich in die Wendung werfen, d. h. zu schnell und zu früh herumtreten.

Rechtsumkehrtwendung:

Eine Rechtsumkehrtwendung darf nur auf Turnierplätzen und auf Straßen, wo es der öffentliche Verkehr erlaubt, gefahren werden. Der Fahrer läßt zuerst das Verkehrszeichen nach links geben, sieht sich dabei um und fährt scharf links heran. Hierauf gibt er das Zeichen zum Durchparieren, falls er im Trabe ist, zieht die Bremse an, verkürzt alle vier Leinen und pariert weich zum Schritt durch. Er öffnet die Bremse wieder, gibt das Verkehrszeichen nach rechts, sieht sich dabei um und pariert beinahe durch bis zum Halten. Nun geht die rechte Hand auf der rechten Vorderleine etwa 15 cm weit vor, hält dort fest, nimmt Druckpunkt und legt mit der rechten Vorderleine eine Schleife unter den linken Zeigefinger, greift nochmals etwa 15 cm auf der gleichen Leine vor und legt sofort eine zweite Schleife unter den linken Zeigefinger. Die linke Faust geht zum Widerstand für die Stangenpferde scharf zur rechten Hüfte. Während der Wendung geht die linke Faust zur linken Hüfte. Ist die Wendung dreiviertel durchfahren, läßt man die Schleife schnell durchgleiten, verlängert alle vier Leinen um das vorher verkürzte Stück, fährt scharf rechts heran und kann weiterfahren.

Bei allen Wendungen muß das innere Stangenpferd so durchziehen, daß es auf Lücke der Vorderpferde geht, d. h. es soll so vorwärts gehen, als wollte es sich zwischen die beiden Vorderpferde schieben. Nötigenfalls muß die Peitsche bei ihm, direkt hinter dem Kammdeckel angelegt werden. Damit wird auch zugleich die richtige Stellung der Stangenpferde gewährleistet. Um die richtige Stellung bei den Vorderpferden zu bekommen, darf man die Schleifen nie zu klein nehmen. Lieber halte man bei etwas zu großen Schleifen auf den Außenleinen etwas gegen, falls die Vorderpferde zu schnell herumtreten.

Anspannen

Nachdem alle vier Pferde geschirrt und die Leinen eingezogen sind, werden sie aus dem Stall und vor den Wagen geführt, wobei die Stangenpferde vorsichtig rückwärts an die Deichsel gebracht werden. Zuerst werden die Stangenpferde angespannt wie beim Zweispännigfahren, wobei die Vorderpferde vom Beifahrer am Kopf gehalten vor den Stangenpferden stehen. Dann wird die Vorderbracke eingehängt und gesichert. Nun werden zuerst die Vorderleinen durch die Leinenführungsringe an den Kopfgestellen und Kammdeckeln der Stangenpferde gezogen und zusammengeschnallt unter die Oberblattstrippe des linken Stangenpferdes gesteckt. Jetzt erst werden die Vorderpferde angespannt. Keinesfalls dürfen die Vorderpferde angespannt werden, ehe nicht die Leinen eingezogen sind. Dann geht der Fahrer noch einmal um das ganze Gespann herum und überprüft, ob alles in Ordnung ist.

Aufnehmen der Leinen

Nachdem der Fahrer nochmals um das ganze Gespann herumgegangen ist und alles überprüft hat, stellt er sich zum Aufnehmen der Leinen in Grundstellung einen Schritt links, seitwärts vom linken Stangenpferd in Höhe des Kammdeckels mit Front zu den Stangenpferden so auf, daß er mit dem ausgestreckten Arm das linke Stangenpferd noch erreichen kann. Nun nimmt der Fahrer mit der rechten Hand alle vier Leinen aus der Oberblattstrippe und legt sie geordnet von außen nach innen über den linken Unterarm, so, daß die Stangenleinen über das Handgelenk, die Vorderleinen in die Nähe des Ellbogens zu liegen kommen. Nun ergreift die rechte Hand zwischen Zeige- und Mittelfinger die rechte Stangenleine direkt hinter der Kreuzschnalle, nimmt Fühlung mit dem Pferdemaul und gleitet auf der Leine herunter, bis der Arm senkrecht hängt. Diese Stelle hält man unbedingt fest. Jetzt übergibt die linke Hand die linke Stangenleine der rechten Hand direkt hinter der Kreuzschnalle zwischen Daumen und Zeigefinger und verlängert nun die linke Stangenleine, indem sie die linke Kreuzschnalle 5 cm über das Normalloch der rechten Stangenleine hinauszieht. Danach übergibt die rechte Hand der linken die Stangenleinen, indem sich der linke Mittelfinger zwischen die beiden Leinen schiebt. Nun erfaßt die rechte Hand die rechte Vorderleine zwischen Zeige- und Mittelfinger direkt hinter dem Ansatzstück, nimmt Fühlung mit dem Pferdemaul und gleitet auf der Leine herunter, bis der Arm senkrecht hängt. Diese Stelle hält man unbedingt fest. Jetzt ergreift die rechte Hand die linke Vorderleine, ebenfalls hinter dem Ansatzstück zwischen Zeigefinger und Daumen und nun verlängert die linke Hand die linke Vorderleine, indem sie das linke Ansatzstück 5 cm über das rechte Ansatzstück hinauszieht. Nun übergibt die rechte Hand der linken die Vorderleinen, so, daß sie der linke Zeigefinger teilt. Damit hat der Fahrer die Grundhaltung eingenommen. Nun sieht sich der Fahrer den Abstand von den Pferden zum Bock an und verlängert seine Leinen je nach Bedarf. Bei Wagen, auf denen der Fahrer mit seinen Füßen über den Schweifen der Pferde sitzt, braucht man nicht zu verlängern. Die überhängenden Leinenenden schlägt er über den linken Unterarm, geht mit Blickrichtung zu den Pferden zum Wagen, steigt schnell auf, setzt sich sofort hin, läßt die überhängenden Leinenenden am linken Oberschenkel hinuntergleiten, nimmt die Peitsche in die Hand, öffnet geräuschlos die Bremse und ist fertig zum Anfahren.

Zum Anfahren gibt er den beiden Beifahrern, von denen der Jüngere vor den Vorderpferden, der Ältere neben dem rechten Stangenpferd steht, einen kurzen Wink, auf den dieselben von den Pferden wegtreten und schnell aufsitzen, der

Jüngere von links, der Ältere von rechts. Wenn die Pferde gut gefahren sind, wird es genügen, wenn der Fahrer die Leinen kurz annimmt und wieder nachgibt, andernfalls sagt er beim Nachgeben ein energisches aber nicht zu lautes „Komm". Man sollte jedoch ohne dieses „Komm" anfahren können.

Vierspännerleine

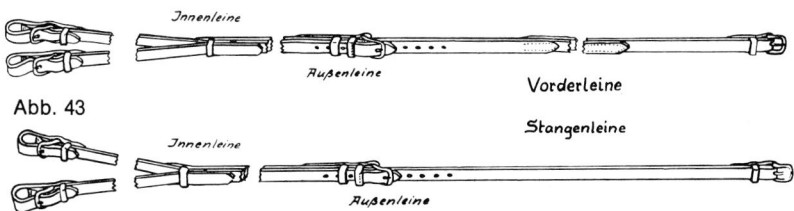

Abb. 43

Bei der Vierspännerleine (Abb. 43) sind die Handstücke der Vorderleine ver- verlängert, so daß die beiden Außenleinen eine Länge von 7,50 m haben. Die Innenleinen sind 2,27 m lang, also kürzer als bei der Zweispännerleine, damit sie gut auf den Vorderpferden liegen. Von den elf Löchern zum Verschnallen auf der Außenleine liegt das sechste Loch 2,15 m von der eingeschnallten Einschnallstrippe entfernt.
Die Stangenleine hat kürzere Kreuzstücke als die Zweispännerleine. Die Außenleine mißt vom sechsten Loch bis nach vorn zur eingeschnallten Einschnallstrippe 2,45 m, die Innenleine 2,57 m. Die Gesamtlänge der Außenleine beträgt wie bei der Zweispännerleine 4,50 m. Im Notfall kann die Zweispännerleine als Stangenleine verwendet werden.

Gebrauch der Viererpeitsche

Der Vierspännigfahrer muß mit der langen Peitsche umgehen können. Das ist genau so wichtig wie das Schleifenlegen. Er muß die Peitsche zum Gebrauch abwickeln und nach dem Gebrauch wieder aufwerfen und aufwickeln können. Auch der Gebrauch der Peitsche bei den Vorderpferden erfordert eine bestimmte Geschicklichkeit, damit man die Stangenpferde nicht am Kopf trifft und sie kopfscheu macht.
Der Stock der Viererpeitsche soll nicht länger als 1,50 m sein. Der Schlag muß jedoch so lang sein, daß man bequem die Vorderpferde auf der Brust treffen kann. Das Aufwerfen der langen Schnur

Abb. 44

muß zuerst auf dem Boden geübt werden. Der Fahrer fängt ohne Peitsche an, indem er irgendwo an eine Wand ein etwa 60 bis 70 cm großes „S" (Abb. 44) malt, sich in einiger Entfernung davor stellt und nun mit dem rechten Arm eine Bewegung macht, als wollte er mit dem Daumen dieses „S" von unten nach oben nachziehen. Anfangs sieht der Daumen nach links bis etwa zur Mitte und steigt nachher an, bis er senkrecht nach oben sieht. Am Ende des „S" muß die Bewegung scharf und ruckartig unterbrochen werden und die Hand ruhig stehen. Später übt man mit einem kurzen Stock ohne Schnur und allmählich kann man die Peitsche nehmen. Man darf nie mit dem Stock gegen die Schnur schlagen, sondern die Schnur muß gegen den Stock fliegen und sich mit zwei gegenteiligen Gewinden um denselben wickeln. Wichtig ist dabei, daß die Schnur weich und gut gefettet ist, damit sie sich schön um den Stock legt. Die gegenwärtig im Handel befindlichen Perlonschläge sind schlecht aufzuwerfen, da sie viel zu glatt und zu steif sind. Vierzehn Tage lang jeden Tag eine halbe Stunde lang stramm geübt — und man beherrscht die lange Peitsche für sein ganzes Leben.

Zum Abwickeln schwenkt man die Peitsche über dem Kopf in entgegengesetzter Richtung des Gewindes, bis die Schnur abgewickelt ist, und bringt dieselbe auf die betreffende Seite. Dann läßt man die Schnur einen großen Kreis in entgegensetzter Richtung der rollenden Wagenräder beschreiben und schlägt nun vor, als wollte man einen Gegenstand, der etwa 1 m von den Vorderbeinen des jeweiligen Vorderpferdes entfernt ist, treffen. Bei diesem Vorwerfen der Schnur muß man darauf achten, daß man mit dem Peitschenstock nicht näher als etwa auf 1 m zu dem jeweiligen Stangenpferd herankommt. Nach dem Gebrauch wird die Schnur durch eine kurze Bewegung auf den linken Unterarm gebracht, wo sie die rechte Hand erfaßt und dem linken Daumen und Zeigefinger übergibt, der sie festhält, so daß die rechte Hand soweit nach rechts ausholen kann, bis die Spitze der Schnur in der rechten Hand ist. Jetzt geht die rechte Hand mit der Peitsche nach rechts seitwärts und wirft die Schnur auf, nimmt die untere Hälfte des Gewindes von dem Stock, schwenkt den Stock über dem Kopf in Richtung des noch vorhandenen oberen Gewindes einige Male herum und hat die Peitsche wieder in Ordnung. Zum Gebrauch für die Stangenpferde benützt man die aufgeworfene Peitsche wie eine Zweispännerpeitsche.

Absitzen und Abspannen

Zum Halten gibt der Fahrer das Zeichen zum Durchparieren und sieht sich dabei um, zieht die Bremse fest an und pariert weich zum Halten durch. Die Beifahrer sitzen schnell ab und gehen auf ihre Plätze vor den Vorderpferden bzw. neben dem rechten Stangenpferd. Der Fahrer steckt die Peitsche in den Köcher, schlägt das überhängende Ende der Leine über den linken Unterarm, steigt rückwärts vom Wagen und steckt alle vier Leinen unter die Oberblattstrippe des linken Stangenpferdes. Nun spannt er zuerst die Vorderpferde ab, nimmt die Vorderleine aus den Leinenführungsringen der Stangenpferde heraus und macht sie an den Vorderpferden fest, hängt die Vorderbracke aus und legt sie auf den Wagen. Jetzt werden die Stangenpferde abgespannt, die Aufhalter losgeschnallt und alle vier Pferde in den Stall gebracht. Selbstverständlich kann man diese Arbeit auch durch Hilfspersonal erledigen lassen.

Tandem

Tandem nennt man ein Gespann, bei dem zwei Pferde voreinander an einen zweirädrigen Wagen gespannt sind. Das Spitzenpferd soll elegant und etwas leichter wie das Gabelpferd, welches, wie schon der Name sagt, in den Scheren geht, sein und viel Schwung und Vorwärtsdrang haben. Das Gabelpferd sollte immer im Kumtgeschirr gehen, während das Spitzenpferd sowohl im Kumt als auch im Brustblattgeschirr angespannt sein kann. Das Brustblattgeschirr ist deswegen vorteilhafter, da bei diesem in der Wendung der äußere Strang etwas nachgibt und damit die Cart nicht in die Wendung zieht.

Das Doppelortscheit ist den langen Vordersträngen vorzuziehen, da die langen Stränge in den Wendungen dem Spitzenpferd über den Rücken gleiten könnten. Anspannung mit Doppelortscheit siehe Bild Seite 62 unten.

Als Wagen eignet sich am besten Tandem Cart, Buggy Gig, Dogcart und Tilbury. Für die Scheren sind lederne Trageösen zu verwenden. (Siehe Abb. Nr. 15 d) Das Gleichgewicht des Wagens muß ausbalanciert sein, sonst bekommt das Gabelpferd einen Druck entweder auf den Rücken, oder von unten her auf den Bauch. Die Scherbäume sollen in den Trageösen spielen, bzw. der Dorn der Trageösen soll spielen, dann ist das Gleichgewicht hergestellt.

Die Stangstutzenschnallen des Gabelpferdes müssen mit der Öse zum Einhaken der Vorderstränge, bzw. der Verbindungsstücke zum Doppelortscheit versehen sein. (Siehe Abb. Nr. 15 b)

Beim Gabelpferd ist Hintergeschirr obligatorisch.

Die Leinenführung ist genau wie beim Vierspänner, jedoch liegen die Leinen viel näher in der linken Hand zusammen und der Vierspännig-fahrer hat Anfangs Mühe, bei den Wendungen die richtige Leine zu fassen. Auch warne ich davor, in den Wendungen die Schleifen so zu legen wie man das beim Vierspänner gewohnt ist. Beim Tandem ist Druckpunktnehmen, also Vorbereitung auf die Wendung, noch viel wichtiger, wie beim Vier- oder Sechsspänner, sonst ist es leicht möglich, daß das Spitzenpferd auf der Stelle Kehrt macht. Schleife ganz vorsichtig legen und dann sofort auf die äußeren Leinen gehen und leicht gegenhalten. Vorteilhaft ist es, wenn man vor der Wendung die Vorderleinen etwas verkürzt.

Auf einer Selette sind nie Viererringe (Siehe Abb. 33 a) angebracht. Die Vorderleinen gehen, wie bei der ungarischen Anspannung, durch die Laufringe an den Kopfgestellen, (Siehe Abb. 32 a) von dort durch die Leinenaugen der Selette in die Hand des Fahrers.

Tandemfahren macht nur dann Spaß, wenn man dazu zwei geeignete Pferde hat. Vor allem das Spitzenpferd muß, wie schon eingangs erwähnt, hübsch, kokett und völlig scheufrei sein, mit viel Gang und Vorwärtsdrang. Falls diese Dinge nicht zutreffen, läßt man das Tandemfahren am besten sein.

Sechsspännig-Fahren

Zum Sechsspännigfahren gehören eine Sechserleine, 10,50 m lang, eine Mitteldeichsel 2,70 m lang (Abb. 45 a) einschließlich Deichselspitze zum Einhängen der Vorderwaage, ein elastisches Zwischenstück (b) zum Mittragen der Mitteldeichsel, zwei Aufhalter (c) je 100 cm, geschnallt 40 cm, bei den Mittelpferden 4 er-Ringe, bei den Stangenpferden 6 er-Ringe zum Aufnehmen der Leinen, und eine Viererpeitsche. Siehe Abbildung 32 und 33.

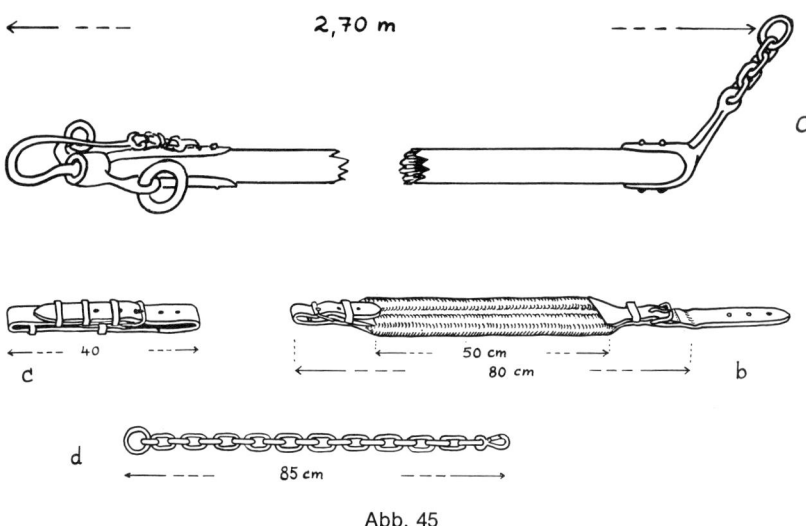

Abb. 45

Die Leinenhaltung ist für die Stangen- und Mittelpferde genau wie beim Vierspänner, die Leinen für die Vorderpferde werden auf die Leinen der Mittelpferde gelegt, das heißt, rechte Vorderleine liegt auf der rechten Mittelleine zwischen linkem Zeige- und Mittelfinger, die linke Vorderleine liegt auf der linken Mittelleine über dem linken Zeigefinger, so daß jetzt zwischen linkem Zeige- und Mittelfinger drei Leinen liegen (linke

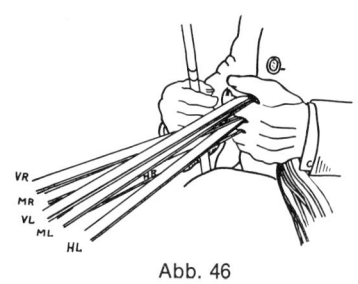

Abb. 46

Stangenleine, auf dieser rechte Mittelleine, auf dieser rechte Vorderleine) über dem linken Zeigefinger zwei Leinen liegen (linke Mittelleine und darüber linke Vorderleine). Rechte Stangenleine liegt wie beim Vierspänner zwischen linkem Mittel- und Ringfinger (Abb. 46).

Zur Gebrauchshaltung geht jetzt die rechte Hand mit der Peitsche mit der vollen Hand auf alle drei rechte Leinen und umschließt diese mit den unteren Fingern. Der rechte Mittelfinger schiebt sich zwischen linke Stangen- und linke Mittelleine und der Zeigefinger geht über linke Mittel- und linke Vorderleine (Abb. 47).

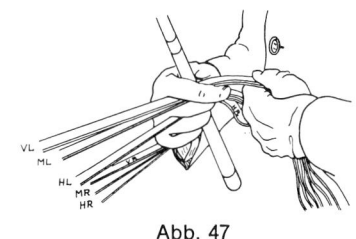

Abb. 47

Die Wendungen werden genau so gefahren wie beim Zwei- und Vierspänner.

Zuerst Zeichen geben, eventuell durchparieren, zuvor Bremse anziehen. Linkswendungen können im abgekürzten Trabe gefahren werden, während Rechtswendungen im Schritt und Kehrtwendungen im abgekürzten Schritt gefahren werden müssen. Bei Kehrtwendungen Vorsicht, daß die Vorderpferde nicht zu stark herumtreten und dadurch das ganze Gespann in Gefahr bringen.

Auch beim Sechsspänner müssen in den Wendungen die inneren Mittel- und Stangenpferde auf Lücke gegen das vor ihnen gehende Paar gehen, damit alle sechs Pferde den gleichen Weg gehen.

Auch hier gilt das beim Vierspännigfahren Gesagte. Man soll die Schleifen nie zu klein legen, damit eine gute, saubere Stellung aller sechs Pferde gewährleistet ist. Einen Widerstand braucht man beim Sechsspännigfahren nicht, da die Mitteldeichsel, die Stangendeichsel lange genug geradeaus hält.

Das Schleifenlegen (Abb. 48) zum Fahren eines rechten Winkels geschieht folgendermaßen: Man legt zuerst mit der inneren Vorderleine eine Schleife von etwa 15 cm, dann sofort mit der inneren Vorder- und inneren Mittelleine nochmals eine Schleife von 15 cm, so daß jetzt die Schleife der Vorderleine doppelt so groß ist. Wenn notwendig ist das innere Stangenpferd mit der Peitsche anzutreiben. Rechts herum Leinen vorher verkürzen und linke Hand in die Wendung (zur rechten Hüfte).

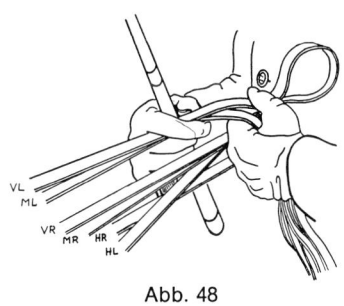

Abb. 48

Bei Kehrtwendungen werden die Schleifen entsprechend größer gelegt. Alle sechs Leinen verkürzt man wie beim Vierspänner. Ziehen die Vorderpferde zu wenig, zieht man deren Leinen einzeln hervor. Ziehen die Vorderpferde zu viel, legt man mit den einzelnen Leinen ganz kleine Schleifen und läßt sie nach hinten herunter. Ziehen die Mittelpferde zu wenig, gibt man Vorder- und Mittelleinen heraus und verkürzt dann die vorderen wie beschrieben. Sind die Mittelpferde etwas links abseits geraten, verkürzt man zuerst vorne links und gibt dann vorne links und Mitte links zusammen nach Bedarf heraus. Umgekehrt verfahre man entsprechend.

Beim Sechsspännigfahren soll man die Vorderpferde nie so scharf schnallen, daß sie nach der Wendung die Schleifen nicht herausziehen. Falls man die

„Sechse" nicht halten kann, schnalle man lieber Stangen- und Mittelpferde etwas schärfer. Das soll natürlich nicht heißen, daß man ein paar hartmäulige Vorderpferde nun im Schaumring schnallen soll, wobei sie dann gleich nach dem Anfahren dem Fahrer die Hand nehmen und er dann machtlos ist.

Mittel- und Vorwaage sollten möglichst leicht, jedoch sehr widerstandsfähig sein. Man verwendet keine eisernen, sondern nur hölzerne Waagen (Bracken).

Voraussetzung für das Fahren eines Sechserzuges ist die absolute und einwandfreie Beherrschung eines Viererzuges. Nur dem guten Viererzugfahrer wird das Fahren mit sechs Pferden keinerlei Schwierigkeiten bereiten.

Beim Sechsspänner müssen die Vorderpferde noch mehr als beim Vierspänner wie aus der Pistole geschossen vorwärts gehen, da man sie nur in der Volte mit der Peitsche erreichen kann. Zum Sechsspännigfahren wird die Viererpeitsche benützt.

Der Zug ist gleichmäßig zu verteilen, wenn etwas zu ziehen ist, andernfalls hängen die Stränge, auch die der Stangenpferde, in leichtem Bogen durch. Keinesfalls dürfen die Vorderpferde ziehen, während die Stangenpferde anhalten. Das kommt allerdings bei nicht routinierten Fahrern sehr oft vor, besonders wenn der Fahrer die linke Hand nicht eisern geschlossen hält und so die weich geschnallten Vorderpferde sich immer wieder ihre Leinen herausziehen.

Der Fahrer muß auch hier, genau so wie beim Ein-, Zwei- und Vierspännigfahren, bestrebt sein, sich ja nicht festzuziehen und durch fleißiges Annehmen und Nachgeben, die Pferde zum Abstoßen am Gebiß und damit an seinem Kreuz zu bringen. Dies gilt beim Fahren genau so wie beim Reiten.

Auch muß er ein Gefühl dafür haben, wenn der Höhepunkt der Gangleistung im Trab, oder bei Ehrenrunden im Galopp, erreicht ist, sonst verliert er in sekundenschnelle die Herrschaft über das Gespann, wenn er nicht rechtzeitig durch halbe Paraden sein Tempo verringert. Dies gilt übrigens für alle Gespanne.

Anspannen

Zum Anspannen werden alle drei Pferdepaare in ihrer richtigen Reihenfolge vor den Wagen gestellt. Bei den Vorder- und Mittelpferden steht ein Mann vor den Pferden und hält sie an den inneren Backenstücken der Kopfgestelle. Zuerst werden die Stangenpferde angespannt und die Leinen unter die Oberblattstrippe des linken Pferdes gesteckt. Dann werden die Leinen der Mittelpferde eingezogen und zusammengeschnallt und unter die Oberblattstrippe des linken Stangenpferdes gesteckt, die Mitteldeichsel und Mittelbracke eingehängt und gesichert, Aufhalter und Deichselträger eingeschnallt und Mittelpferde angespannt. Nun werden die Vorderleinen über Mittel- und Stangenpferde eingezogen, zusammengeschnallt und unter die Oberblattstrippe des linken Stangenpferdes gesteckt, die Vorderbracke eingehängt, gesichert und die Vorderpferde angespannt. Aus Gründen der Sicherheit werden immer zuerst die Leinen eingezogen und dann erst die Pferde angespannt. Beim Abspannen genau umgekehrt. Jetzt geht der Fahrer noch einmal um das ganze Gespann herum und sieht nach, ob alles in Ordnung ist. Dieses Herumgehen um das Gespann darf nie vergessen werden, weder beim Einspänner, noch beim Zweispänner, noch beim Vier- oder Sechsspänner.

Leinen aufnehmen

Zum Leinenaufnehmen stellt sich der Fahrer genau so wie beim Zwei- und Vierspännigfahren auf, nimmt alle sechs Leinen aus der Oberblattstrippe des linken Stangenpferdes und legt sie geordnet über den linken Unterarm, so daß die beiden Stangenleinen über dem Handgelenk, die beiden Vorderleinen in der Nähe des Ellbogens und die beiden Mittelleinen zwischen diesen liegen. Nun werden zuerst die Stangenleinen, wie bereits bekannt, abgemessen und der linken Hand übergeben, so daß sie der linke Mittelfinger teilt. Danach die Mittelleinen, die der Zeigefinger teilt und zuletzt die Vorderleinen, die auf die Mittelleinen zu liegen kommen. Jetzt sieht man sich den Abstand vom Bock bis zu den Pferden an und verlängert seine Leine je nach Bedarf, schlägt das überhängende Ende aller Leinen über den linken Unterarm, geht mit Blickrichtung zu den Pferden zum Wagen, steigt schnell auf, setzt sich sofort hin, läßt die überhängenden Enden am linken Oberschenkel hinuntergleiten, nimmt die Peitsche in die Hand, öffnet geräuschlos die Bremse und ist fertig zum Anfahren. Auf einen kurzen Wink des Fahrers sitzen die drei Beifahrer, von denen der Jüngere vor den Vorderpferden, die beiden Anderen neben dem rechten Mittelpferd bzw. Stangenpferd stehen, schnell auf. Bei Turnieren dürfen die Beifahrer nicht neben dem Fahrer auf dem Bock sitzen. Dies gilt für alle Anspannungsarten.

Nur wer gelernt hat, die Leinen vorschriftsmäßig abzumessen und aufzunehmen, wird sofort mit seinem Vierer- oder Sechserzug geradeaus anfahren und eventuell eine notwendige Wendung fahren können.

Abspannen

Das Abspannen geht in genau umgekehrter Reihenfolge vor sich wie das Anspannen. Zuerst Vorderpferde abspannen, Vorderleinen herausnehmen, Vorderbracke abnehmen und auf den Wagen legen. Mittelpferde abspannen, Mitteldeichsel und Mittelbracke abnehmen, Mittelleinen herausnehmen und zuletzt Stangenpferde abspannen und alle drei Paare zusammen in den Stall führen.

Anleitung zum Anfertigen von Leinen

Um den Sattlern eine Hilfe für die Anfertigung von vorschriftsmäßigen Leinen zu geben, sind nachstehend die Maße der einzelnen Leinen aufgeführt. Für die Anfertigung von Leinen sollte grundsätzlich nur braunes Spezialleder verwendet werden, damit sich die Leinen nachher beim Gebrauch nicht zu sehr verziehen und dadurch die Maße nicht mehr stimmen. Auch ist es empfehlenswert, eine Leine mindestens einmal im Jahr nachzumessen, ob die 12 cm, die die Innenleine länger sein muß als die Außenleine, wenn sie im sechsten Loch geschnallt ist, noch stimmen. Falls diese 12 cm nicht mehr stimmen, muß die Leine von einem Sattler wieder auf das richtige Maß gebracht werden.

Die Erfahrung hat gezeigt, daß die Ansatzstücke 16 cm lang sein sollten. Die Länge der Leine wird grundsätzlich von der eingeschnallten Einschnallstrippe von vorn gemessen, denn nur damit kommt der Fahrer auf die 8, 12 oder 16 cm, die die Innenleine bei den einzelnen Schnallungen länger sein muß als die Außenleine (siehe Seite 25). Oftmals wird der Sattler jedoch Schwierigkeiten haben, um die angegebenen Längen von 4,50 m, 7,50 m und 10.50 m zu erreichen, da er bis auf das letzte Stück an die vorgeschriebenen Maße gebunden ist, sie also keinesfalls willkürlich ändern darf, um hinten die notwendige Länge zu erreichen, damit die Ansatzstücke nicht durch ein Leinenauge laufen und so die Nähte aufgehen könnten. Nur das letzte Stück kann variabel, soll jedoch möglichst so lang sein, daß das vorgeschriebene Maß erreicht wird. Die Gesamtlänge der einzelnen Außenleinen kann bis zu 20 cm variieren. Also Ein- und Zweispännerleine 4,30 bis 4,50 m, Vierspännerleine 7,30 bis 7,50 m und Sechsspännerleine 10,30 bis 10,50 m. Man sollte jedoch, wie schon oben gesagt, versuchen, die vorgeschriebene Länge zu erreichen, damit die Leinen auch bei Wagen, auf denen der Fahrer etwas weiter rückwärts sitzt, sicher ausreichen. Im übrigen rate ich den Sattlern, sich den Abschnitt „Die Achenbachleine" (Seite 24) genau durchzulesen, ehe sie beginnen, eine Leine anzufertigen.

Maße der Ein- und Zweispännerleine

A u ß e n l e i n e : Von vorn, also von der eingeschnallten Einschnallstrippe bis Mitte Ansatzstück 2,15 m; von Mitte Ansatzstück bis Ende 2,35 m. Gesamtlänge 4,50 m. Von vorn bis zum sechsten Loch 2,90 m.

I n n e n l e i n e : Von vorn bis Mitte Ansatzstück 2,00 m. Von Mitte Ansatzstück bis Ende Kreuzschnalle 1,02 m. Kreuzschlaufe befindet sich Mitte Ansatzstück. Gesamtlänge 3,02 m.

Die Einspännerleine hat die Maße der Außenleine, jedoch keine Löcher.

Maße der Vierspänner-Stangenleine

A u ß e n l e i n e : Von vorn bis Mitte Ansatzstück 2,15 m. Von Mitte Ansatz-stück bis Ende 2,35 m. Gesamtlänge 4,50 m. Von vorn bis zum sechsten Loch 2,45 m.

I n n e n l e i n e : Von vorn bis Mitte Ansatzstück 1,92 m. Von Mitte Ansatzstück bis Ende Kreuzschnalle 0,65 m. Kreuzschlaufe Mitte Ansatzstück. Gesamtlänge 2,57 m.

Maße der Tandem- und Vierspänner-Vorderleine

A u ß e n l e i n e : Von vorn bis Mitte erstes Ansatzstück 1,83 m. Von Mitte erstes Ansatzstück bis Mitte zweites Ansatzstück 1,90 m. Von Mitte zweites An-satzstück bis Mitte drittes Ansatzstück 1,70 m. Von Mitte drittes Ansatzstück bis Ende 2,07 m. Gesamlänge 7,50 m. Von vorn bis zum sechsten Loch 2,15 m.

I n n e n l e i n e : Von vorn bis Mitte Ansatzstück 1,75 m. Von Mitte Ansatzstück bis Ende Kreuzschnalle 0,52 m. Kreuzschlaufe Mitte Ansatzstück. Gesamtlänge 2,27 m.

Die Tandemleine hat die Maße der Außenleine, jedoch keine Löcher.

Maße der Random- und Sechsspännerleine

A u ß e n l e i n e : Von vorn bis Mitte erstes Ansatzstück 1,75 m. Von Mitte erstes Ansatzstück bis Mitte zweites Ansatzstück 1,70 m. Von Mitte zweites An-satzstück bis Mitte drittes Ansatzstück 1,70 m. Von Mitte drittes Ansatzstück bis Mitte viertes Ansatzstück 1,70 m. Von Mitte viertes Ansatzstück bis Mitte fünftes Ansatzstück 1,65 m. Von Mitte fünftes Ansatzstück bis Ende 2,00 m. Gesamt-länge 10,50 m. Von vorn bis zum sechsten Loch 2,15 m.

I n n e n l e i n e : Von vorn bis Mitte Ansatzstück 1,75 m. Von Mitte Ansatzstück bis Ende Kreuzschnalle 0,52 m. Kreuzschlaufe Mitte Ansatzstück. Gesamtlänge 2,27 m.

Die Randomleine hat die Maße der Außenleine, jedoch keine Löcher.

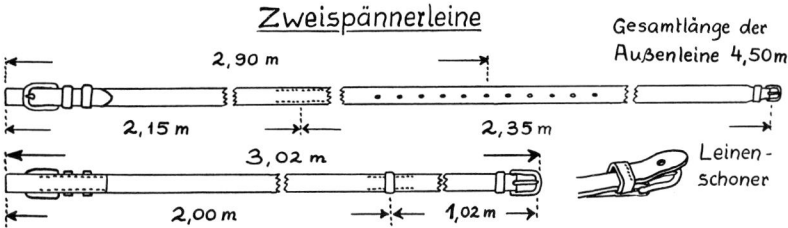

Zweispännerleine

Gesamtlänge der Außenleine 4,50m

2,90 m

2,15 m   2,35 m

3,02 m

2,00 m   1,02 m

Leinen-schoner

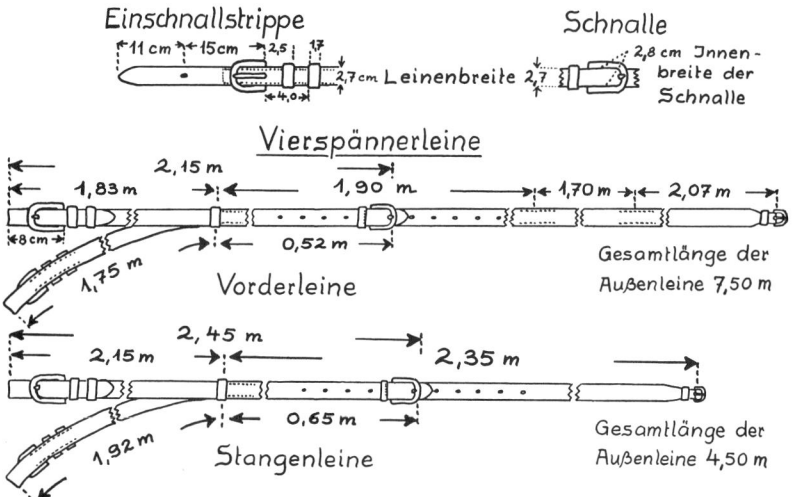

Einschnallstrippe

11 cm — 15 cm — 2,5 — 1,7 — 4,0 — 2,7 cm Leinenbreite 2,7

Schnalle

2,8 cm Innenbreite der Schnalle

Vierspännerleine

2,15 m

1,83 m — 1,90 m — 1,70 m — 2,07 m

8 cm

0,52 m

1,75 m

Vorderleine

Gesamtlänge der Außenleine 7,50 m

2,45 m

2,15 m — 2,35 m

0,65 m

1,92 m

Stangenleine

Gesamtlänge der Außenleine 4,50 m

Oben:
Aachen 1963. Franz Lage,
Wetterade mit dem Holsteiner
Atoll.

Links:
Georg Bauer mit dem zum
Viererzug der Traunsteiner
Brauerei Hofbräu gehörenden
Holsteiner Gordon.
Ruhpolding 1970.

Oben:
Aachen 1973. Georg Bauer mit dem Zweispänner in der Dressurprüfung.

Links:
Franz Lage bei der Ehrenrunde. Aachen 1970.

Oben:
Hindernisfahren Aachen 1973.
Holsteiner-Viererzug der
Traunsteiner Brauerei Hofbräu am Mail Phaeton, bei
der Durchfahrt durch den
See. Alle 4 Pferde einwandfrei am Gebiß, gleichmäßig
im Zug und energisch vor-
wärtstretend.
Fahrer: Georg Bauer.

Rechts:
Aachen 1973. Vierspänner des
mehrfachen deutschen Fahr-
meisters Franz Lage, Wetterade. Alle 4 Pferde aus
eigener Zucht. Neben dem
Fahrer: Frau Lage. Herr
Oberst a. D. Pape kommen-
tiert das Gespann folgendermaßen: Viererzug in korrek-
tester Linkswendung. Pferde
in bester Stellung und Bie-
gung. Stangenpferde des-
gleichen und genau auf
Lücke. Fahrer in vorbild-
licher Haltung.

Links:
Viererzug des Württembergischen Haupt- und Landgestüts Marbach auf dem DLG-Turnier Frankfurt 1950. Fahrer: Christian Lamparter. Hengste des alten Württ. Warmbluttyps. Alle 4 Pferde tadellos am Gebiß, Genick der höchste Punkt, dabei energisch vorwärtstretend.

Unten:
Franz Lage mit Coriana und Aska aus eigener Zucht im Tandem, beim Fahrderby Hamburg. Ideales Spitzenpferd. Hübsch, kokett, energisch vorwärtsgehend. Genick der höchste Punkt. Ein vorzügliches Gespann.

Rechts:
Sechserzug des Württembergischen Haupt- und Landgestüts Marbach. Weikersheim 1952. Beginn der Linkswendung. Fahrer: Christian Lamparter. Alle 6 Hengste Vertreter des alten Württ. Warmbluttyps.

Unten:
Hengstparade beim Württ. Haupt- und Landgestüt Marbach. Fahrer: Gestütshauptwärter Stooss. Hengste der neuen Zuchtrichtung, Trakehner Abstammung.

DIE BLAUEN REITERBÜCHER

Redwitz, Max Frhr. von

Die deutsche Reitvorschrift 1912 im Lichte der Reitkunst.

Erstes Heft: **Die Seitengänge.** 87 Seiten mit Abbildungen im Text und auf einer Tafel. Reprint von 1914.

Zweites Heft: **Springen und Geländereiten.** 101 Seiten mit 16 Abbildungen im Text. Reprint von 1914.

Drittes Heft: **Die Grundsätze der Dressur.** 160 Seiten mit 12 Abbildungen im Text und auf Tafeln. Reprint von 1914.

Gustav Steinbrecht

Das Gymnasium des Pferdes

Erstmalig bearbeitet, vervollständigt und herausgegeben von Leibstallmeister Paul Plinzner, aufgrund neuer wissenschaftlicher Erkenntnisse und praktischer Erfahrungen fortgeführt von Hans von Heydebreck, Oberst a. D. Mit einem Vorwort von H. H. Brinckmann, Warendorf.
8. Auflage

Hans von Heydebreck

Die deutsche Dressurprüfung

Eine Anleitung für Reiter, Richter und Zuschauer. Mit Abbildungen und Zeichnungen von Ludwig Koch und von Germa von Heydebreck. Mit einem Geleitwort für die Neuauflage von Horst Niemack, Generalmajor a. D., Vorsitzender der Deutschen Richtervereinigung für Pferdeleistungsprüfungen; bearbeitet von Georg-Hennig von Heydebreck, Oberst a. D.
2. neubearbeitete Auflage.

Benno von Achenbach

Anspannen und Fahren

Arbeit mit der Doppellonge sowie Anhaltspunkte für Beschirrung und Bespannung. Nachdruck der Ausgabe 1925. 235 Seiten mit 235 Abbildungen.

Verlag Dr. Rudolf Georgi · A. Bourseaux Nachf. · Aachen